中国近代新闻学名著系列丛书

芮必峰◎主编

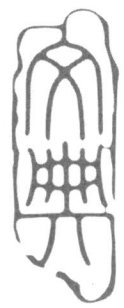

新闻学讲话

—— 刘元钊◎编著 ——

中国传媒大学出版社
·北 京·

编 委 会

主　编 芮必峰

副主编 姜　红　刘　勇

编　委 贾　南　周　彤　张冰清　侯普曼

出版说明

本丛书整理再版了近代在中国用中文出版的经典新闻学著作，所涉及的图书既有专著、教材，也有译著，全面涵盖了新闻学理论、新闻业务、新闻史等领域，成书年份前后跨越40年。在这40年间，中国的新闻学科从无到有、从借鉴到创新，成就巨大。对这些著作的再次出版，为研究中国近代新闻学提供了珍贵的史料，绘制了中国近代新闻学的全景，度量了中国近代新闻学的厚度，填补了该领域空白，也为纪念中国新闻学诞生100周年献上了一份厚礼。

我们请中国人民大学新闻学院教授、博士生导师，广西大学新闻传播学院院长，教育部社会科学委员会委员兼新闻传播学科召集人郑保卫，及中国传媒大学传播研究院院长、教授、博士生导师，中央实施马克思主义理论研究和建设工程新闻学首席专家雷跃捷对本丛书的内容进行了审定，并根据专家的意见进行了修改。在此对两位专家所付出的辛勤劳动表示衷心感谢。

由于历史原因，本丛书中的个别图书存在一些问题，为保存历史原貌，为研究者提供一手的参考资料，影印时均基本保持其原貌，未作大的删改，希望读者结合当时的历史条件和历史环境，对其中的观点进行批判性借鉴。原书中存在一些错别字、漏字和排版错误，我们在影印时均未做改动，敬请读者注意。

由于原书出版年代久远，本丛书中的许多书籍难觅其踪，存世数量稀少，版权状况极其复杂。为了保证本丛书的学术性和完整性，我们将具有价值的图书先行选入其中，进行了抢救性发掘，力图保存中国新闻史珍贵的历史资料。版权所有人若有异议，请及时与我们联系。

为更好地体现中国近代新闻学的发展脉络，本丛书特别收录了欧美学者休曼的《实用新闻学》、斯蒂德的《新闻学的理论与实际》；日本学者松本君平的《新闻学》、后藤武男的《新闻纸研究》、杉村广太郎的《新闻概论》。当年这些书的出版对中国近代新闻学具有一定的借鉴意义。

本丛书为影印制作，成书清晰度由原书决定，由于出版年代久远，受当时生产力水平及制作方法限制，难免会存在一些缺陷，敬请读者谅解。

中国传媒大学出版社

总　序

如果从1903年商务印书馆编译出版日本人松本君平的《新闻学》算起，中国的新闻学已有115年历史[①]。如果从1918年北大新闻研究会建立，徐宝璜开办新闻学讲座算起，中国新闻学教育和研究迄今正好100年历史。我们搜集整理了清末至民国期间一些有代表性的新闻学书籍，希望借此重现早期中国近代新闻学的本来面貌，反映我国新闻学发展的历史脉络，我们认为，这对中国新闻学术、教育史研究以及中国近现代思想史研究都是很有意义的。

从1903年到1949年9月的40多年间，我国公开出版和内部印行的新闻学书籍，包括专著、教材、论文集、资料汇编、参考工具书等，约468种之多。[②]它们集中反映了我国新闻学的历史发展轨迹。然而，由于多种原因，这些书籍除了几本曾被重印出版外，大多已经是“只闻其名、难觅其踪”，这对我国新闻学研究不能不说是一个遗憾。

本丛书在梳理1903—1949年间出版的有代表性的新闻学书籍的基础上，精选了50部著作，校订注释，编纂再版，也算对这一遗憾的弥补。

从我们挑选的这50部新闻学书籍来看，中国早期新闻学的发展有三个鲜明的特点：

一、中国早期新闻学的发展与中国社会发展，尤其与国家民族利益息息相关

40多年间，中国新闻学从近乎空白到勃然而兴，这与中国社会的动荡、变

① 黄天鹏回顾新闻运动时说：“有清光绪二十八年，商务印书馆刊行《新闻学》一书，为我国人知有新闻学之始，原书为日人松本君平所著……”资料来源：黄天鹏．新闻运动之回顾［A］．黄天鹏．新闻学名论集［C］．上海：上海联合书店，1929．

② 林德海，等．中国新闻学书目大全1903—1987［M］．北京：新华出版社，1989．

革休戚相关。西方新闻学是现代化的产物，最早形成于19世纪末20世纪初。1901年，“新闻学”一词首见于中文报章[①]，但直到民国前夕，国人对于“新闻有学乎”尚存疑，认为报社就是新闻人才的“养成所”。至1912年上海报业俱进会以“吾国报业之不发达……其最大原因，则为无专门之人才”[②]为由，号召组织报业学堂，培养报业专门人才。不难看出，此时新闻界亦将新闻学视为办报之“技”。至1918年邵飘萍为徐宝璜《新闻学》作序仍“窃叹我国新闻界人才之寥落，良由无人以新闻为一学科而研究之者”[③]。黄天鹏把1903年至1918年新闻学研究会建立之前的十余年视为中国新闻学的启蒙期。[④]

1918年，随着以启蒙为目标的新文化运动愈演愈烈，新思潮涌入国门，“新学”“西学”站在旧传统的对立面被学界关注，新闻学思想也不例外。作为公学之首和新文化运动中心的北京大学率先开办新闻学研究会，力证了“新闻学”存在的正当性；徐宝璜《新闻学》一书问世，成为中国新闻学理论的奠基之作。新闻学教育兴起，新闻学研究著作渐盛，待到北伐前夕，中国新闻学从学理上和实践上俱已建立起来。

新文化运动后期，马克思主义传入中国，资本主义文明逐渐“祛魅”。之后的大萧条使得西方国家的痼疾暴露无遗，曾经“理想之彼方”的西方报业也难以幸免。在这一时代背景下，如何建立“吾国之报业”成为新闻学研究的热点，围绕这一热点，一方面，关于中外新闻理论、新闻事业、新闻业务的著作日益涌现；另一方面，军阀对于激进言论的暴力摧残，又引发了新闻人对于言论自由的论争。20世纪20年代的中国新闻学呈现百家争鸣之势。

“在这言论自由纷争之际，也有若干论调，认为新闻纸不过是一种政治宣传的工具，在新闻学方面也唱过所谓社会主义的新闻理论，不过这种论调没有完成，当头的国难已把这种理论粉碎。”[⑤]“九一八”事变后，面对空前的民族危机，“国家至上、民族至上”成为国论，报业成为勾连与动员社会的渠道和网络，

---

① 梁启超．本馆第一百册祝辞并论报馆之责任及本馆之经历［J］．清议报，1901（100）：1–8．

② 戈公振．中国报学史［M］．上海：上海书店，1989：278．

③ 徐宝璜．新闻学［M］．长春：时代文艺出版社，2009：7．

④ 黄天鹏．四十年来中国新闻学之演进［M］//龙伟，任羽中，王晓安，何林，吴浩．民国新闻教育史料选辑．北京：北京大学出版社，2010：149．（以下征引本书时，一律简注为《民国新闻教育史料选辑》。）黄天鹏在此文中提出他对于1903年到战事结束的40余年间中国新闻学发展阶段的划分，原载《中国新闻学会年刊》第1期，1942年9月。

⑤ 黄天鹏．四十年来中国新闻学之演进［M］//民国新闻教育史料选辑．北京：北京大学出版社，2010：161．

致力于推动“舆论统一”。直到全面抗战中期之前，以战争宣传动员为主要研究目标的“战时新闻学”都是新闻学研究的热点。

1943—1949年中华人民共和国成立前夕，随着战争形势的转变，抗日战争已现胜利的曙光，中国新闻学人开始构想新闻业的未来。萨空了①于1943年开始着手书写《科学的新闻学概论》，旨在提醒新闻人应“鉴于美英的前车”②，避免报纸“为大财阀资本家所独占”③，“积极地设法使报纸成为大多数民众自己的相互报道消息、提供意见的工具”④。

二、中国新闻学是“西学东渐”的产物，中国早期新闻学人大多具备西学背景

“西学东渐”的内在精神是中体西用。在“用”的招牌下，西学大量涌入。中国新闻学直接引自日本和美国。首先，中国最早的新闻学译著分别为1903年商务印书馆编辑出版的松本君平的《新闻学》和1913年美国记者休曼著、史青编译的《实用新闻学》。前者成为中国新闻学的开端，而后者作为美国第一本新闻教育著作，“提供采访编辑各种实际问题的解决方案”⑤，也奠定了中国新闻人对于新闻教育之作用的基本构想。

早期中国新闻学人大多具备留美留日的求学背景。徐宝璜曾于美国密歇根大学修习经济学与新闻学，其《新闻学》（1919）的参考文献包括在美国出版的图书23种、在英国出版的图书7种，印证了时任北大校长蔡元培所言，“新闻学之取资，以美为最便矣”⑥。任白涛求学日本早稻田大学政治经济学系时，加入了《朝日新闻》名记者杉村楚人冠等筹建的“大日本新闻学会”⑦，《应用新闻学》

---

① 萨空了（1907—1988）四川成都人，蒙古族，笔名了了、艾秋飚，记者、主编、新闻学家。1927年任《北京晚报》《世界日报》编辑记者、《世界画报》总编辑。曾任教民国学院新闻系、北京新闻专科学校。1935年任上海《立报》副刊主编、总编辑兼经理。中华人民共和国成立后任中央人民政府新闻总署副署长兼新闻摄影局局长、出版总署副署长、全国政协副秘书长兼《人民政协报》总编辑等职。负责主编《中国大百科全书·新闻出版》卷，著有《科学的新闻学概论》《科学的艺术概论》《宣传心理研究》等。

② 萨空了. 科学的新闻学概论［M］. 香港：文化供应社，1946：36.

③ 萨空了. 科学的新闻学概论［M］. 香港：文化供应社，1946：36.

④ 萨空了. 科学的新闻学概论［M］. 香港：文化供应社，1946：36.

⑤ 黄天鹏. 四十年来中国新闻学之演进［M］//龙伟，任羽中，王晓安，何林，吴浩. 民国新闻教育史料选辑，北京：北京大学出版社，2010：157.

⑥ 邓绍根. 中国新闻学的筚路蓝缕：北京大学新闻学研究会［M］. 北京：清华大学出版社，2015：228.

⑦ 1915年《朝日新闻》的杉村楚人冠等在庆应义塾大学创办“新闻研究会”并讲授课程，后根据该讲义出版了《最近新闻纸学》（1918）。其时，杉村楚人冠还兼任“大日本新闻学会”的筹建者与学会新闻讲座讲师。

（1922）正是仿照杉村楚人冠《最近新闻纸学》一书体例所做。[①]邵飘萍的《实际应用新闻学》（1923）亦参考了《最近新闻纸学》。[②]杉村楚人冠深受美、德新闻思想熏陶，美、日、德的新闻思想因故才传到中国。

事实上，正是留美、留日学生群体的新闻学著述构建起了中国早期新闻学的基本框架。仅本丛书所涉国内著（编）者30人中，剔除资料不详者3人，有留学经历者共计15人。其中留美5人：徐宝璜、伍超、赵敏恒[③]、戈公振[④]、曹用先[⑤]；留日8人：吴定九[⑥]、邵飘萍、黄天鹏、任白涛、张友渔[⑦]、谢六逸、袁殊[⑧]、王文萱[⑨]；

---

① 周光明．近代新闻史论稿［M］．北京：社会科学文献出版社，2014：276.

② 方晓红．中国新闻简史［M］．南京：南京师范大学出版社，1996：122.

③ 赵敏恒（1904—1961），记者、新闻学教授。早年就读于清华大学，1923年起先后于美国科罗拉多大学文学院、密苏里大学新闻学院、哥伦比亚大学新闻学院攻读英国文学和新闻学，并获新闻学硕士学位。1925年起在纽约环球通讯社当编辑。1927年回国，在国民政府外交部情报处短暂工作后加入路透社。1945年10月任《新闻报》总编，兼任复旦大学新闻学教授。

④ 留学两个及两个以上国家的，按其留学的第一个国家计。

⑤ 曹用先，女，宁波人，天津南开大学社会科毕业。1926年与未婚夫查良鉴自南开大学毕业后，同赴密歇根大学留学，1930年在该校安娜堡完婚。硕士毕业后回国，曾就职于上海商务印书馆编辑所并任教于大夏大学，1949年与查赴台，1951年4月病逝于台湾。

⑥ 吴定九（1890—1930），名鼎，字定九，嘉定人。著名报人，《京报》元勋之一，著有《新闻事业经营法》。公派赴日本名古屋学习土木工程时，与在东京政法学校读书的邵飘萍成为密友。1923年9月，私立北京平民大学设立报学系，时任京报社经理的吴定九担任教授并讲授专业课程“新闻经营法”。

⑦ 张友渔（1898—1992），原名张象鼎，字友彝，又名张忧虞，山西灵石人。法学家、政治学家、新闻学家。先后求学于山西第一师范学校，国立北平法政大学法律系。1927年任《国民晚报》社长兼总编辑。同年加入中国共产党，任中共北平市委委员兼秘书长。1930年赴日留学。“九一八”事变后回国任《世界日报》主笔及燕京大学、中国大学、民国大学、中法大学、北平大学法商学院教授，讲授宪法学、劳动法学、新闻学和日本问题。1943年起在重庆任中共南方局文委秘书长、《新华日报》社论委员会委员、中共重庆工作委员会候补委员兼政策研究室副主任、《新华日报》代总编辑等职。

⑧ 袁殊（1911—1987），中共谍报人员、记者、新闻学者。早年赴日攻读新闻学、东洋史。曾创办上海自修大学并设新闻专科。1931年3月创办的《文艺新闻》，最早揭露了左联五烈士被害的消息。1932年任新声通讯社记者，经潘汉年引介加入共产党。1942年卧底敌伪报纸《新中国报》，1945年10月转移到苏北解放区；1949年调入中央情报部门。著《记者道》《学校新闻讲话》《新闻大王赫斯特》等书；译《新闻法制论》等。

⑨ 王文萱，曾留学日本，1930年5月翻译杉村广太郎的《新闻概论》。1942年国立社会教育学院新闻系成立，王文萱在该系教授新闻业务课程。1947年年初，李宗仁授意萧一山在北平创办《经世日报》作为喉舌，任命王文萱、蓝文澄两位教授为主笔。

旅欧2人为胡愈之和储玉坤①（详情见表）。这些涉足新闻学研究的归国留学生兼容并蓄，汲取美、日、德等国新闻理论和马克思主义新闻思想的精华，进行本土化改良，亦从侧面反映出中国新闻学的理论来源。

三、中国早期新闻学人往往兼新闻实践、新闻教育、新闻研究于一身

1918年，北京大学新闻学研究会成立，徐宝璜负责讲授新闻学知识。他结合自身从业经验，参考欧美新闻学书目，形成课程讲义；再结合讲课心得，不断完善新闻学理论。1919年，国人自撰的第一本新闻学专著《新闻学》最终成书。徐在自序中细陈写书修书之过程："新闻学乃近世青年学问之一种，尚在发育时期。余对于斯学，虽曾稍事涉猎，然并无系统之研究。客岁蔡校长设立新闻学研究会，命余主任其事，并兼任导师。余乃于暑假中，正式加以研究，就所得著《新闻学大意》一篇，以为开会后讲演之用。……开会后，余继续研究，加以会员之质疑问难，时有心得，遂将原稿加以修改，成第二次之稿……"②显然，"曾稍事涉猎"指其曾经担任《晨报》主笔的工作经历。早期中国新闻学人兼具从业经验和新闻学教学经验者多会总结实践经验、丰富新闻理论、著书立说、传道授业，这种情况并不鲜见。

从早期新闻学著作的作者（编者）身份来看：本丛书涉及国内著（编）者30人，除李公凡、刘元钊和鲁风三人身份不详，仅蒋国珍③、项士元④二人没有明确的新闻从业经验。而在这25人中，更有20人兼具从业经历与从教经历。新闻学人大多具有新闻从业经历，学术研究、传承活动与新闻实践密不可分（详

① 储玉坤，1912年生，江苏宜兴人，笔名雨君、储华。1937年中央政治学校大学部新闻学及国际政治专业毕业。1938年1月任《文汇报》编辑兼社论撰述者；1938年5月担任《文汇报》法国哈瓦斯分社编辑；抗战胜利后，任《文汇报》总主笔。1946年5月转任《申报》主笔和法国新闻社远东分社中文部主任，兼任中国新闻专科学校教务长和沪江大学新闻系教授。著有《现代新闻学概论》《第二次世界大战史》《美国经济》。

② 邓绍根，中国新闻学的筚路蓝缕［M］. 北京：清华大学出版社，2015：244.

③ 蒋国珍出生于1896年，江苏溧阳人，做过学生运动领袖、国民党党员、教育工作者、政府职员、银行经理。曾加入上海学生运动，代表上海全国各界联合会、全国学生联合会、上海各界联合会、学生联合会四团体发声。虞文俊认为其传世的《中国新闻发达史》翻译自日本人伊藤武雄的《中国新闻发达史》，即蒋国珍应为此书的译者而非著者。

④ 项士元（1887—1959），佛教居士、学者。原名元勋，号慈圆，又号石楼。浙江临海人，通日、英、德、梵、俄文，一生佛学著作等身。25岁毕业于杭州府中学堂，后办私立小学和赤城初级师范，兼任各校教师；捐资并赠书创办了临海图书馆。项士元长期辗转江浙等地从事教育、新闻和史志方面的研究工作。中华人民共和国成立后主持台州文管会，任浙江省文史馆馆员。所著《浙江新闻史》是中国最早的新闻史之一。

见表1[①])。

从新闻学著作本身来看，许多民国新闻学书籍正是新闻实践和新闻教育的直接产物：国人自撰的第一部新闻采访学专著——《实际应用新闻学》根据邵飘萍在北京大学新闻学研究会和平民大学新闻系的讲稿所著，《新闻学总论》一书则根据邵氏国立政法大学的新闻学讲义整理而成；周孝庵[②]根据自己在复旦大学的新闻学讲义编著了《最新实验新闻学》；郭步陶[③]的《本国新闻事业》是上海市私立申报新闻函授学校讲义之十一；而《新闻学的基础知识》本就是中美日报读讯会[④]为新闻学自修者所出版的教材《实用新闻学讲义》之一；储玉坤的《现代新闻学概论》则是专门为大学新闻理论教科书而编写的（详见表2）。

正是由于早期新闻学人兼新闻实践、新闻教育、新闻研究于一身，才能为理论教学与著述提供最鲜活的案例，促使新闻实践经验迅速融入新闻学理论研究。这是近代中国新闻学迅速发展的重要因素，对于当今的新闻学研究、新闻学教育工作也有重要启示。

本丛书编委会邀请相关领域资深专家进行研讨，认真甄选了书目，仔细进行了版本比较和甄别，从而保证了本丛书较高的学术权威性。

由于历史的局限，民国新闻学书籍的不足是明显的，如学术理论不成熟、部分话语和话题打上了深深的时代烙印等；又因书中涉及的新闻稿件写作于特定历史环境和历史年代，其表达方式不严谨亦不可避免。盖所选书目皆是历史文献，我们在审校中尽量保持其历史原貌，不做大的删改；对极个别对马克思

① 李秀云．留学生与中国新闻学［M］．天津：南开大学出版社，2009：239–251．本书中李秀云整理了民国期间从事新闻学研究的留学生44人，并分析其留学国别构成、专业构成、新闻实践经历、从教经历等。

② 周孝庵（1900—1973），佛教学者、律师、报人。松江府人。毕业于江苏省立第一商业学校。历任上海时事新报馆记者、编辑、主编，著《最新实验新闻学》。1928年秋被复旦大学聘为新闻学教授。曾于上海法政大学获法学学士学位，1930年兼律师。1932年主编上海《新闻报》“法律质疑”栏目、编著了《法律质疑汇编》。上海沦陷后，曾氏关闭了律师事务所，潜心佛学研究。

③ 郭步陶（1879—1962），原名成爽，后改名惜，字步陶。四川隆昌人。名记者、新闻研究者。1911—1917年任《申报》编辑，1917年任《新闻报》编辑主任、主笔。1930年任教于复旦大学新闻系。上海沦陷后赴香港，任职于《申报》（香港）、《星岛日报》；1939年创建中国新闻学院（香港）并任院长。抗战胜利后回沪任教于复旦大学、新中国学院。

④《中美日报》是“孤岛”时期的国民党报纸，为躲避日伪新闻检查，在美商罗斯福出版公司招牌下运作，副刊有《集纳》《堡垒》等。1938年11月创刊，1941年12月停刊，1945年8月复刊，次年4月终刊。总编先后为杨勋民、查修、詹文浒，总主笔周宪文，执笔者有储玉坤、章丹枫等。胡道静曾任英文编辑。报社读讯会为自修新闻学的读者出版了《实用新闻学讲义》，共计10种，对编辑术、采访术、评论作法、新闻写作、新闻学史、剪报工作等都有专篇论述。

主义、共产党等的不适当叙述已进行了删除处理。

本丛书规模较大，从策划项目、搜集资料、校订编纂到审稿成书，历时两年有余。这50本书可能并非本本经典，其中有些内容亦有重复、雷同之处，但瑕不掩瑜，它们对于研究中国新闻学功不可没，作为新闻史资料极具研究价值。感谢中国传媒大学出版社和安徽大学新闻传播学院诸位老师的辛勤付出，也希望读者在本丛书中能读出更丰富的内容，获得启发并更深入地思考。

丛书主编　芮必峰

2018年5月7日

附表：

表1　著者受教育、从业、从教及著述情况列表

序号	姓名	是否留学及留学国家	从业经历	从教经历	著作
1	徐宝璜	美国密歇根大学，经济学、新闻学	北京《晨报》主笔	北京大学新闻学研究会、北京平民大学新闻系	《新闻学》《新闻事业》
2	戈公振	1927年赴美国、日本考察新闻事业	首创《图画时报》、“上海新闻记者联合会”会长、《申报》总管理处设计处主任兼《申报星期画刊》主编	上海南方大学新闻系、上海国民大学新闻系、复旦大学新闻系、上海沪江大学商学院、上海民治新闻学院	《新闻学撮要》《中国报学史》《新闻学》
3	邵飘萍	东京政法学校	《汉民日报》主编、《时事新报》《申报》《时报》主笔、创办“北京新闻编译社”、《京报》社长	北京大学新闻学研究会、北京平民大学新闻系、国立法政大学	《实际应用新闻学》《新闻学总论》
4	吴定九	日本名古屋工业专门学校土木工程	主持《京报》	北京平民大学新闻系、国立法政大学	《新闻事业经营法》
5	谢六逸	日本早稻田大学东洋文学史	《立报》文艺副刊《言林》主编、《国民周刊》《趣味》周刊主编	复旦大学新闻系、申报新闻函授学校、国立社会教育学院新闻系、暨南大学新闻系、大夏大学新闻系	《实用新闻学》《国外新闻事业》《新闻储藏研究》
6	黄天鹏	日本早稻田大学新闻系硕士	在北平创刊《新闻学刊》并担任主编	复旦大学新闻系、上海沪江大学商学院新闻学科	《新闻文学概论》《中国新闻事业》《新闻学入门》《新闻学概要》
7	赵敏恒	美国科罗拉多大学文学院、密苏里大学新闻学院、哥伦比亚大学新闻学院攻读英国文学和新闻学，并获新闻学硕士学位	纽约环球通讯社编辑，后加入路透社。“九一八”事变后为美国国际新闻社、伦敦《每日电讯报》《朝日新闻》等供稿。1945年10月任《新闻报》总编辑	复旦大学新闻系、中央政治学校新闻系、暨南大学新闻系	《外人在华的新闻事业》

续表

序号	姓名	是否留学及留学国家	从业经历	从教经历	著作
8	周孝庵	无	历任上海时事新报馆记者、编辑、主编;主编《上海新闻报》“法律质疑”栏目	复旦大学新闻系、新闻大学函授科	《最新实验新闻学》
9	张友渔	1930年、1932年、1935年多次赴日学习新闻学、考察日本新闻事业	《世界日报》编辑、《大同晚报》总编辑、《国民晚报》社长、《泰晤士报》总编辑、《新华日报》社论委员	燕京大学新闻系、北平民国学院新闻系	《新闻之理论与现象》《日本新闻发达史》
10	袁殊	日本新闻专科学校、早稻田大学历史系	创办《文艺新闻》《译报》、新声通讯社记者	上海自修大学新闻专科	《记者道》《学校新闻讲话》《新闻大王赫斯特》《新闻法制论》(译)
11	胡愈之	1928年法国巴黎大学攻读国际法	《东方杂志》编辑、创办《公理日报》、哈瓦斯通讯社远东分社中文部编辑主任、主编新加坡《南洋商报》		《胡愈之出版文集》
12	储玉坤	留法	《新闻报》编辑、《文汇报》编辑、法国哈瓦斯通讯社中国分社编辑、《文汇报》总主笔、《申报》主笔、法国新闻社远东分社中文部主任	中国新闻专科学校、沪江大学新闻系、之江大学新闻系、致用大学新闻学系	《现代新闻学概论》
13	任白涛	日本早稻田大学政治经济学	创办中国新闻学社、《新湖北日报》总编辑		《应用新闻学》《综合新闻学》
14	曹用先	美国密歇根大学①	上海商务印书馆编辑所②	大夏大学③	《新闻学》

① 毛彦文. 往事[M]. 北京:商务印书馆,2012:28.
② 雪林. 一段值得介绍的婚姻(红藏·生活·第四卷第三十八期)[M]. 湘潭:湘潭大学出版社,2014:435-437.
③ 毛彦文. 往事[M]. 北京:商务印书馆,2012:28.

续表

序号	姓名	是否留学及留学国家	从业经历	从教经历	著作
15	王文萱	留日①	《经世日报》②	国立社会教育学院新闻系③	《新闻概论》（译）
16	伍超	留美“攻读新闻科”④			《新闻学大纲》
17	郭步陶	无	《申报》编辑、《新闻报》编辑主任兼主笔、《申报》（香港）、《星岛日报》编辑	复旦大学新闻系、《申报》新闻函授学校、中国新闻学院（香港）、新中国学院	《本国新闻事业》
18	任毕明⑤	无	《民国日报》《时报》《快报》主笔、《大众日报》总编辑	香港中华新闻学院	《战时新闻学》《评论学十讲》
19	赵君豪⑥	无	《申报》副总编辑	上海商学院新闻专修科、复旦大学新闻系、上海法政学院新闻专修科	《中国近代之报业》《上海报人的奋斗》

① 杉村广太郎．新闻概论·黄序［M］．王文萱，译．上海：联合书店，1930．

② 冯国定．忆萧一山先生［M］//中国人民政治协商会议北京市委员会文史资料研究委员会文史资料选编（第43辑），北京：北京出版社，1992：104．

③ 苏州大学社会教育学院．峥嵘岁月（第三集）［M］．北京、上海、南京、苏州校会．1991：229．

④ 伍超．新闻学大纲·自序［M］．上海：商务印书馆，1925．

⑤ 任毕明，原名任大任，生于1904年，广东鹤山人。1925年在广西梧州创办《民国日报》，曾任《时报》《快报》主笔，主持过香港的《大众日报》。参与创办香港中华新闻学院，并任教。著作有《龙虎集》《风云集》《社会大学》《新社会大学》《战时新闻学》和《评论学十讲》等。

⑥ 赵君豪（1900—？）江苏兴化人。报人。“五四时期”求学于上海交通大学，经常给著名的《民国日报》副刊《觉悟》投稿，并与时任《觉悟》编辑的邵力子讨论种种社会改造问题。毕业后进入《申报》馆工作，抗战后任《申报》副总编辑。1929、1942年两度兼任复旦大学新闻系编辑教授；1930年兼任上海法政学院新闻专修科教授，讲授采访学；曾任《申报》新闻函授学校教授。1944年10月在重庆出版《上海报人的奋斗》。

续表

序号	姓名	是否留学及留学国家	从业经历	从教经历	著作
20	杜绍文①	无	杭州《民国日报》国际版编辑、《东南日报》《前线日报》主笔兼《新闻战线》周刊主编、《东南日报》总编辑、《文汇报》办公室主任	复旦大学新闻系	《新闻政策》《中国报人之路》《战时报学讲话》《国际新闻纵横谈》
21	胡道静②	无	《万有文库》编辑、上海通志馆编修、《通报》《中美日报》《大晚报》等报记者、编辑、撰稿人	上海法政学院新闻专修科	《上海新闻事业之史的发展》
22	张静庐	无	创办上海杂志公司并出任总经理		《中国的新闻记者与新闻纸》《中国近代出版史料》《中国现代出版史料》《中国出版史料》《在出版界二十年》
23	萨空了	无	《北京晚报》编辑记者、《世界日报》画刊编辑、《世界画报》总编辑、天津《大公报》艺术半月刊主编	民国学院新闻系、北京新闻专科学校	《科学的新闻学概论》

① 杜绍文（1909—？），又名杜超彬，广东澄海人。1927年入复旦大学中文学新闻组学习，1931年留校助教。后任杭州《民国日报》国际版编辑、资料室主任、浙江《东南日报》主笔。抗战期间主编浙江战时新闻学会会刊《战时记者》月刊，《国民日报》总编辑、社长；抗战胜利后任上海《前线日报》主笔兼《新闻战线》周刊主编。1946年至1951年间任复旦大学新闻系教授，1952年任上海《文汇报》记者、编委办公室主任。著有《新闻政策》《中国报人之路》《战时报学讲话》《国际新闻纵横谈》。

② 胡道静（1913—2003），安徽泾县人。1931年毕业于上海持志大学国语系。曾参加《万有文库》编辑和上海通志馆编修工作。“孤岛”时期坚守上海新闻界抗日宣传工作，任《通报》《中美日报》《大晚报》《密勒氏评论报》记者、编辑、撰稿人，同时在上海法政学院新闻专修科讲授新闻史课程，为共产党的抗日宣传培养新闻干部。1949年后历任中华书局上海编辑所编辑、上海人民出版社编审等。

续表

序号	姓名	是否留学及留学国家	从业经历	从教经历	著作
24	管照微①		复旦大学校刊编辑、1931 年兼任上海新闻社记者	兰州大学经济系	编《新闻学论集》
25	项士元				
26	蒋国珍	疑为《中国新闻发达史》的译者而非著者②			
28	李公凡	不详			
27	鲁风	不详			
28	刘元钊	不详			

① 管照微，高中就读于上海立达学园，曾与王济深、刘仲达、唐旭之等先后组织了“时潮社”和“立达剧团”。后进入复旦大学新闻系学习，与伍梦窗、林楚君、向浦、徐之津等加入了复旦大学“左联”，并负责复旦大学的校刊编辑工作。1933年12月21日因宣传左翼思想被捕，后任教于兰州大学经济系。

② 虞文俊是东亚中国新闻史研究第一人。《中国新闻发达史》译者蒋国珍初考［J］. 新闻界，2015（15）.

表2 书目

序号	年份	书名	作者	备注
1	1903	新闻学	〔日〕松本君平 著	
2	1913	实用新闻学	〔美〕休曼著 史青译	
3	1919.12	新闻学	徐宝璜① 著	北京大学 新闻研究会讲稿
4	1922.11	应用新闻学	任白涛② 著	
5	1923.8	实际应用新闻学	邵振青 著	北京平民大学、 国立法政大学讲义
6	1924.4	新闻事业	徐宝璜 胡愈之 著	
7	1924.6	新闻学总论	邵飘萍 著	
8	1925.1	新闻学大纲	伍超 著	
9	1925.2	新闻学撮要	戈公振③ 编	
10	1927.9	中国新闻发达史	蒋国珍 著	
11	1927.11	中国报学史	戈公振 著	
12	1928.9	中国的新闻纸	张静庐 著	
13	1928.11	最新实验新闻学（上）	周孝庵 著	复旦大学新闻系
14	1928.11	最新实验新闻学（下）	周孝庵 著	复旦大学新闻系
15	1930.4	新闻事业经营法	吴定九 著	
16	1930.5	新闻概论	〔日〕杉村广太郎 著 王文萱 译	

① 徐宝璜，中国新闻学者、新闻教育家。1912年毕业于北京大学，后公费留美，于密歇根大学攻读经济学、新闻学。徐宝璜在美国密苏里大学受过系统的新闻学教育。

② 任白涛，笔名冷公、一碧，河南南阳人。1911年辛亥革命后，先后担任上海《民立报》《神州日报》《新闻报》驻河南特约通讯员，参加当地反袁活动。1916年留学日本，在早稻田大学攻读政治经济学，并加入了大日本新闻学会。

③ 戈公振所著的《中国报学史》最早由上海商务印书馆出版，是研究新闻学和我国新闻事业发展史的开山之作，国内外新闻界将之誉为中国首部新闻史学权威著作。任教上海国民大学期间，戈公振开始着手《中国报学史》一书的写作。在从事新闻工作之余，戈公振致力于新闻教育事业和新闻学研究工作，曾在上海国民大学、南方大学、大夏大学、复旦大学等校新闻系和杭州暑假报学讲习所讲授新闻学方面的课程，在新闻学研究上留下了许多著述。

续表

序号	年份	书名	作者	备注
17	1930.8	中国新闻事业（上）	黄天鹏① 著	
18	1930.8	中国新闻事业（下）	黄天鹏 著	
19	1930.8	新闻纸研究	〔日〕后藤武男 著 俞康德 译述	
20	1930.9	浙江新闻史（上）	项士元 编	
21	1930.9	浙江新闻史（下）	项士元 编	
22	1932.7	学校新闻讲话	袁殊 著	
23	1932.8	外人在华的新闻事业	赵敏恒 著	
24	1933.4	新闻学入门	黄天鹏 著	
25	1933.10	新闻学论集	管照微 编	复旦新闻学会丛书
26	1935	实用新闻学（上）	谢六逸② 编	申报新闻函授学校讲义之三
27	1935	实用新闻学（下）	谢六逸 编	申报新闻函授学校讲义之三
28	1934.1	新闻学	曹用先	
29	1934.2	新闻学概要	黄天鹏 编	复旦大学讲义、上海沪江大学新闻学专修科
30	1935	上海新闻事业之史的发展	胡道静 著	
31	1936.5	新闻学讲话	刘元钊 编著	

① 黄天鹏，字天鹏，别号天庐。1927年1月，他创办了我国首个新闻学刊（1929年扩改为《报学月刊》）并任主编；他是我国新闻学术史上最早研究新闻学之产生及发展史的学者，是我国具有新闻学术史观的第一人。他于1923年就读于北京平民大学报学系，1929年留学日本,修业新研究所,旋入早稻田大学新闻系。归国后出版了《新闻文学概论》《中国新闻事业》《新闻学入门》《新闻学概要》等十余本新闻学专著。

② 谢六逸，中国现代新闻教育事业的奠基者之一。著名的作家、翻译家、教授。1917年以公费生身份赴日就读于早稻田大学。1922年毕业归国，入商务印书馆工作。后历任神州女校教务主任及暨南大学、复旦大学、大夏大学教授。1930年任复旦大学中文系主任，并创设了后来闻名海内外的复旦大学新闻系，任主任。

续表

序号	年份	书名	作者	备注
32	1936	本国新闻事业	郭步陶 编著	申报新闻函授学校讲义十一
33	1936.6	新闻之理论与现象	张友渔 著	
34	1936.11	记者道	袁殊 著	
35	1937.7	现代新闻学概论	储玉坤 著	国民党政府唯一指定大学新闻理论教科书
36	1938.7	战时新闻学	任毕明 著	
37	1938.9	中国近代之报业（上）	赵君豪 著	
38	1938.9	中国近代之报业（下）	赵君豪 著	
39	1938.10	基础新闻学	李公凡 著	
40	1939.7	中国报人之路	杜绍文 著	
41	1940.4	新闻学	戈公振 著	1932 年完稿，另有 1947 年版
42	1941	新闻学的基础知识（上）	中美日报读讯会 编	中美日报读讯会实用新闻学讲义
43	1941	新闻学的基础知识（下）	中美日报读讯会 编	中美日报读讯会实用新闻学讲义
44	1941.7	综合新闻学 1	任白涛 著	
45	1941.7	综合新闻学 2	任白涛 著	
46	1941.7	综合新闻学 3	任白涛 著	
47	1944.9	新闻学	鲁风 著	新中国自修学院约稿
48	1946.6	科学的新闻学概论	萨空了 著	另有 1945.3 出版的署名艾秋飚的版本
49	1946.11	新闻史上的新时代	胡道静 著	
50	1947.12	新闻学的理论与实际	〔英〕斯蒂德 著 干季深 吴饮冰 译	上海文化函授学校读本

新聞學講話目次

第二章 新聞紙的史底發展

第五章　國際新聞紙概述

自序

這一本不成樣的小册子就要出版了，似乎照例也要寫些什麽『自序』之類的東西來裝飾裝飾。

提起筆來，一時竟不知從何寫起，寫一篇『自序』真比寫一本書還難。西萬提斯在他的名著 Don Quixote 一書中的序文裏所說：『我常常將筆拿到手裏，可是常常重新把他放下去，總不知說什麽才好。』這情形真是彿彷似之。我想現在還是來讓我拉雜寫一些寫這本小册子的動機吧！

集納主義（Juralism）之興起從牠的發靱萌芽以至于成長，就是在科學昌明的歐美，其所經歷的過程也不過是很短促的幾十年，在現在還是在發榮茲長的時期；在我們中國到現在爲止，我們僅僅還只可以說是在萌芽的這一個階段，試觀歐美的新聞紙日銷一二百萬份者簡直是不算什麽希奇，（就是在日本也是如此）而我們中國，以新聞事業最發達的上海而論，每天能銷至十萬份者究有幾家？與歐美相較；眞不可以道里計矣！

有人說中國新聞事業的所以不容易像歐美一樣的發達，其最大的癥結，還是在於教育之不普及，文盲太多，能夠看看報的人實在太少了的緣故。其實教育不普及，固然是一個重要原因；而一班民衆之不明瞭讀報之重要的意義，也是一個主要原因。在以前『看報』這一個事情，好像是爲一班上流階級或有錢的人們所專有的權利，在茶餘酒後，沒法消磨時光，打牌又是三缺一，瞧電影也有些膩了，於是隨手拿過一張報紙，埋在沙發裏，嘴裏啣着一枝雪茄，悠悠自得地隨意瀏覽一下，就算完事，有的簡直沒精打彩地呼呼地睡著了。在這一班人的腦筋裏，也無非是把『看報』這一件事當作一種消遣而已。至於班商人，他們時常在腦海裏存著『各人自掃門前雪，休管他人瓦上霜』的一個陳腐觀念，對於『閱報』一事，更無所關心。在這時眞能懂得閱報的眞締者倒還是一部分的知識份子。所謂『秀才不出門，能知天下事』，這一句俗諺，確能道出一班讀書人當時對於『閱報』一事的所有的認識了——但這也究竟是少數！

在目前，情形雖然有些和以前不同，閱報的人也多了幾倍，就是商人也都有看報的；但一般人還是不能明瞭『閱報』的重要，有些人是專門翻着一些猥褻的社會新聞，除了看些『雙宿雙飛，儼如夫婦』；『陳倉暗渡，珠胎暗結』的桑間濮上的黃色紀事以外，簡直不知宇宙間尙有其他的事了。另有些人是翻翻五光十色的戲院廣告，也算是看了當天的報了。一般商人則對於經濟新聞尙能特別注意，這情形也無怪乎報紙的銷數只有跌落並無增高了。

★ ★ ★ ★

一班大衆之所以不能明瞭『閱報』之重要，其最大癥結實在還是由於他們不能瞭解新聞紙之社會的存在底意義；其次出版界的對於『新聞』學的刊物的貧乏，也是一個原因。在目前的出版界中，雖然也有着幾本新聞學的書籍，但除了供給幾個研究新聞學的人以參考外，對於一班大衆也實在沒有這個力量去理解的。

本人對於新聞學是最覺有興趣的，在中學生時代，一方面在讀書，一方面在從事新聞事業，進了大學所讀的書，也是以新聞學爲最多，離了學校，在目前仍在從事新聞事業。時常想寫一本書，——專門灌輸一班大衆以新聞學的基本常識的書，我覺得如果要新聞事業能發達，一方面固有賴於教育之普及，交通之便利，而對於新聞常識的普及，也是很有關係的。可是自己覺得像這樣才疏學淺，不學無術的我，實在是無法勝任的。前年剛剛離開學校，不知什麽竟一時豪興勃發，居然鼓足了勇氣，想寫這麽一本書，於是從書箱裏搜出一大批讀書劄記講義參考書之類，立刻動起筆來，中間經過了病嬾等等原因的間斷，差不多時斷時續地寫了三個多月才完成。

寫好後，自己覺得不能滿意，那時雖然有一個書局要替我出版，我終覺得難於見人，遂仍把牠擱在箱子底裏了。

今年，經幾位朋友的慫恿，我終於不怕難爲情地把這本不成東西的小册子交給樂華付印了。可是我心裏，終覺得有些不放心似的，好在海內不乏賢明，錯誤的地方自然會有朋友來爲我指正的！

新聞學講話

第一章　新聞學的意義與本質

一　新聞學與科學

在現代人類的社會生活中，新聞紙是一種不可或缺的東西，有人說：『新聞紙是人類的精神的食饍』，這的確是一句天經地義千古不易的名言。我們試看一般有着『報癖』的人，當他每天清晨，從牀上醒來，張開二隻惺忪的睡眼，第一個觀念在他的腦海裏浮起的就是閱報。眞的，我們儘多看得到，一般人每天在預備工作的以前，總是先翻一翻當天出版的報紙以後才開始工作的。從這一點上看來，新聞紙與人類是已經發生着極密切的關係了。

新聞紙的萌芽和發展，還是近代產業革命，機械工業發達以後的事情，在以前雖然也有所謂新聞紙一類的東西，但並不爲人所注意，而且有許多人以至於學者等，對牠都抱着一種無足重輕的態度（就是在我們目前的中國，大多數人的態度，還是這樣的）。他們不過是以爲這是文人的一種『雕蟲小技』，在沒有辦法，沒有飯吃的時候，來玩玩這一種把戲，藉以遣愁抒懷，或是避免作餓餒而已！因此，新聞紙在當初的時候，是好像莽澤英雄一般的爲世人所不聞不問，從沒有一個人向牠注意過。

在近年來，可就不同了，因爲一般人已經瞭解新聞紙在社會生活中的重要的意義，有許多人對牠都發生了一種興趣，因之而去費盡心力的研究牠。現在世界上新聞事業最發達的國家如金元資本主義國美利堅，在那裏是設立着好幾個新聞學的大學，專門研究這一種東西；就是在其他各國也莫不如是。在新聞紙的產量方面，也突飛猛晉，差不多，每天銷數達一二百萬份的新聞紙在歐美各國已經是不算什麽希奇的了。

因了客觀的環境的需要，新聞學（Journalism）這個專門的東西，也就在各種的學術領域裏奠定了牠的基礎，可是，新聞學雖然已經有了牠的基礎，但是在這基礎上面的建築，還沒有充分的完成，牠在學術領域裏的地位也並不牢固，因此，我們就發生了一個問題：就是新聞學是不是一種科學呢？這個問題現在是有許多人在討論，現在我們不妨來研究一下：

A.　新聞學是科學麽？

新聞學的原名叫 Journalism，這字的語尾是ISM，這三個字母的意義是『方法』的意思，不過在普通的外國的科學名詞，牠們的語尾，後面都是LOGY四字母，而新聞學的名詞却獨異，在這一點，我們可以推測外國學者對于新聞學的這個東西，並不把牠列于科學的地位。

在目前，新聞學是不是科學的問題，在歐美各國有二派的主張：第一派的主張，認為新聞學也是一種科學，代表這一派的人大都是美國各大學新聞學系的教授們。第二派的主張，却否認新聞學是一種科學，代表這一派的人，大都是研究已成為科學的（如政治經濟社會等）一般學者。在這一派的人的意[illegible]

，以爲新聞學這個東西儘可附屬在別種學術的部門之下，不必獨立成爲一種科學。

這二派人的主張，雖然是背道而馳，絕不相同，但也自有他們的觀點和立場，我們也不能昧然地說誰是對的，或誰是錯的。

不過，在事實上說起來，新聞學的萌芽以至於發榮滋長的這個時期，是比較別種科學的時期要來得遲一些，別種科學已經是有許多的學者研究得很透澈，得到了一個結論了，但是新聞學呢，在牠的萌芽的時候就一向不爲人家所注意的，而且也沒有人去透切的研究牠，以致到現在還沒有充分的成長，和別種科學相比較起來，自然是不同了。我們知道歐洲的學說都是起源於希臘，希臘人是最聰明不過的，他喜歡把各項的材料或問題，都作爲研究的對象，如：哲學、倫理學、天文學、物理學等，都曾有過相當的研究，在不曾加以科學的名稱爲Logy這個時候，假使當時的學者們如果認識新聞學的重要，一定也肯像其餘的科學一般認眞地加以透切的研究，到現在也就已經是發達得很完全，成爲一種公認的科學了。

我們知道在產業革命時，才有所謂現在的『印刷新聞』，在以前印刷術沒有發明的時候，是流行着一種『口頭新聞』或者是『手寫新聞』，在這時候新聞的形式固然沒有完成，就是新聞的傳播，也沒有一些力量，因此社會上的人，就沒有注意。迨到了十九世紀以後，新聞這個東西漸漸在社會上發生一些作用了，而且也有一部分的人去加以注意了，但他們對牠都是把着一種懷疑的態度，因爲那個時候的新聞紙實在太幼稚了，所紀載的新聞固然是沒有眞實性，而且有些人簡直靠新聞紙來攻訐私人，藉端發洩一己的私憤，（因此有人認爲這祗是一種Gossip 而已）許多人對牠都失去了信仰心，因此稍有一些學問的人或者在學術界稍有一些地位的人，對于『新聞紙』這東西，都是敬而遠之，並沒有人去確切地加以科學的研究。新聞學的所以到現在還不能完全成熟，成功一種科學，也是不爲無因的。

新聞學到現在，確實已經是能夠獨立成爲一種專門性的學術了，雖然在現在還沒有充分的發育完全，但到將來牠的本身系統一定是會完成的。換句話說：新聞學在目前，或者是不能說牠是一種科學，但到最近的將來是一定可以成爲一種科學的。

B. 新聞學和科學的關係

新聞學的本身，雖然在目前不能確定牠是一種科學，但牠和科學的關係是很密切的，無論是在新聞的印刷和傳播，或者新聞的搜集和採訪，以及新聞記者的訓練和養成等等，是都需要着科學的幫助和促成的。

現在我們來討論新聞學和科學的關係。

1. 政治學

政治學是研究人與人在政治組織的社會中所有的動作的科學。什麼是政治組織呢？簡單地說來就是國家；什麼是國家呢？凡是有一定圍範的領土，及有一羣爲公共目的活動的人，並有代替人羣表示或執行意志的機關，及有執行權力方法的規則與條文，由這幾種原素所搆成的社會，就是國家。

凡一個政治組織——國家——裏面，自然有牠的各種活動，無論是縱的方面或者是橫的方面；我們研究這種活動，就是研究政治學。

新聞學的對象，是社會裏面的新聞現象，這社會裏的新聞現象一部分是和政治組織或者政治活動發生着關係的。我們之所以要研究政治學，就在明瞭這政治組織的如何發生，如何進化，及其所處的環境，所發生的變化，甲政治組織與乙政治組織所發生的關係與糾葛等，以及人羣對於政治活動的一切糾紛與事情等。我們研究新聞學一定要聯帶的研究政治學，目的就在對於社會的政治現象而發生的新聞在實質上的認識。

2. 社會學

新聞現象，是社會裏的社會現象，新聞的成立，搆成，是脫離不了社會的。因此新聞學也與社會學發生了關係。

社會學是研究社會的一般的規律與因果的。我們研究了社會學，才會知道：人的性格，(Charecter) 人與人間的種種觀念(Conception)信仰(Faith)等是怎樣的性質，以及風俗習慣(Custom and Habit) 制度(System)等之如何成立進化?及人類的道德觀念怎樣發生的力量?

因此，要研究新聞學就聯帶的需要研究社會學。

3. 經濟學

社會上的一切現象，都是建築在經濟的基礎之上的，因此新聞學也和經濟學發生了關係。

經濟學是研究社會的經濟現象的，我們研究了經濟學才會知道社會間的一切經濟活動，以及人羣的物質生活的高低的原因等。

因此，我們要研究新聞學，就聯帶的要研究經濟學。

4. 法律學

法律學是研究社會的法律現象的。我們要認識從法律現象所發生的新聞，就非研究法律學不可了。

我們研究了法律學才能知道國家的一個觀念，可以對人格有一個觀念，可以認識權能權力以及權利與義務等的一切性質，並且可以瞭解社會的均衡的維持的原力是什麼？

因此，新聞學與法律學也是有着連帶的關係。

5. 歷史

歷史和新聞學也是有關係的。

人類的生活文化，莫不是由歷史演化而來的，我們因爲研究歷史才可以對過去的陳跡多所會心，而對于現代的情況方能了解。尤其對於社會現象能知其趨向及其演化的痕跡，更能藉此培養我們的智慧。

新聞的發生，有的是根據着歷史的演變而來的，（如以前的歐戰等）因此我們要研究新聞學就非研究歷史學不可。

6. 地理

要明瞭什麽地方是軍事上的要隘，及國防重地，氣候物產交通等在民族的發展與文化的演進等等的關係，就非要研究地理學不可。因爲新聞的發生，大多數根據以上的關係而滋長的。（如上海容易產生綁票奸淫等新聞。）

因此，我們要研究新聞學，就連帶的要研究地理學了。

7. 人類學

人類學在新聞學上的助力是狠大的，新聞的產生完全是人的關係，如果沒有人類也就沒有新聞了。

人類學所研究的東西是：（一）人類在自然界的地位，（二）人類的種屬及分佈，（三）人種相異的原因，（四）一地方住民的性質的異同等。如果研究新聞學的人而不去研究人類學，則對于新聞的本質，將無從認識。

8. 論理學

論理學是敎我們如何去思考，如何去判斷，如何去分析及綜合的一種科學，並且牠更能使我們去推理，和告訴我們怎樣成立一種概念。我們研究新聞學，研究新聞現象，是需要分析及綜合，推理；因此論理學也是一種幫助新聞學的科學。

9. 心理學

以個人爲對象而研究其意識的，或近於意識的活動的就是心理學。關于一個人的智能，反射動作，本能，知覺等問題的只有心理學才能替我們解答。新聞學的所以會和心理學發生關係，就因爲新聞的中心在於人，而人又是有意識的動物，有意識，而後有動作，因此我們要想徹底瞭解新聞，就非要研究心理學不可了。

10. 教育學

美國的杜威博士曾說：『教育卽生活』(Education is life)從廣義上說起來，整個的社會生活就是一種教育，新聞的現象是和社會生活相聯繫的，那麼教育學和新聞學的關係也就不言可知了。

除此以外尚有優生學、犯罪學、生理學、稽核學等科學，也都與新聞學發生着一些關係的，在這裏不必詳論了。

總之，新聞學的對象是社會生活，而社會生活是包括着各種宇宙間的科學的。因此新聞學與各種科學是直接簡接的發生了密切的關係。凡欲研究新聞學或認識新聞學之本質者，就非聯帶的研究其他科學不可。

二　新聞學底意義

在上面的一節裏，不過是把新聞學和科學的關係略為說明了一點，現在我們要講到新聞學的本身了。

新聞學是什麼呢？我們知道世界上的所以有新聞學這個東西存在的緣故，就是因為有了新聞事業，而新聞事業的骨幹，却是新聞（News）。我們因為要研究新聞，和新聞事業，因此就有了新聞學的存在。在沒有講到新聞學的意義以前，我們對于『新聞』的意義，先有明瞭的必要，我們就來討論新聞的意義吧。

A. 關于News的語源

新聞紙的根本要素之一，就是新聞News，日本的文學士藤原勘次氏在他所著的『新聞紙與社會文化的建設』上說：『以公告性作新聞紙之形式的本質，以新聞作其內容的本質。』由此可知新聞之在新聞紙中所佔地位的重要了。

新聞在英國的名字，叫作News，這個字有人說在十六世紀的時代已經有人用過，在卡沙的Troi Lusand Cresside之作中，有着這樣的句子：

There is right now Come Into

The towne a gost,

Agreok espie, and telleh news things,

Far which I come to tell news things.

據後藤武男的推測，這News恐怕就在這卡沙的News things之二個字所轉化成的。在一六四〇年出版的Wits and Roerations的詩中才有這個News字的發現。即：

When news doth come,

If any would eliseuss

The letter of the word,

Resolue it thus;

News is Conveye dy letter,

Word, or mouth,

And Comes to from
North, east, west, or south.

B. 關於新聞的定義

在歐洲有一句俗話：『生物學者所喜歡的東西，在靴店老板是不喜歡的。』關于新聞的定義也是這樣，雖然有許多人對牠已經下過不少的定義，但因爲各人的立場不同，因此到今日還沒有一個適當的定義，現在，我把各人所下的定義列舉在下面：

（一）在歐洲有一個俗說：News一字的N乃是North的縮寫，E乃是East的縮寫，W乃是West的縮寫，S是South的縮寫，這各個縮寫的字母拚起來，就成爲News，意思就是說『東南西北』各方面所發生的事情就是News（新聞）了。這種見解，粗看起來，雖然似乎有一點道理，其實這是誤解了。因爲News一字在臘丁文中原爲Nevus，而在英文中，在最早的時候本爲Neowe,非從North,East,West,sorth而來，乃由New而來者也。

另據James Grent氏的意見，說：News即News Tidings，又是News things，而自然地漸成爲News一字的。但Casper Yost之說，謂在國語的形成時代卽文法與語格沒有規定的時候，筆者與語者欲表示自己的意思，可隨便將名詞變爲動詞，形容詞變爲名詞，在這種時代時，就加了一個S於New，變爲名詞，——就成News一字了。這話說來似乎還有些道理！

（二）這個定義：是在基督教的Mose的十誡中的第五第六二誡。第五誡是『勿殺人』，第六誡是『勿奸淫』。在報紙方面，凡是違背十誡的都叫做新聞，尤其是第五、六二誡是最好的新聞。于是，在歐美各國的社會中，就有：『凡是違背十誡的都是新聞』的一個定義。這個定義在美國是很盛行的。其實這種見解也是歪曲而不正確的。因爲凡是違背十誡的新聞不過是一種社會新聞（如奸淫殺人……等）而已，而新聞的性質或種類，却並不只指一種社會新聞而言。

上面所講的定義是關于社會方面一般人的見解。

（三）美人Hearst氏說："Any thing that is interest is News"，這個定義也不確切，因爲他是辦"Yellow Newspepar"的人，根據了他自己的出發點而發出的論點，自然是太嫌攏統和主觀色彩太濃厚了。

（四）美人 H.Dauis 說：『狗咬人不是新聞，而人咬狗才是新聞』。他是一個美國的有名通訊員兼戲曲家，這個定義是根據了 Charles Dana 氏的，這話，自然是有着他的理由；但也不能一概而論，因爲在鄉下有時發現了一隻瘋狗，人給牠咬了，也是一件合於新聞價値的新聞。

（五）美人 Charles Dana 氏說：By News i mean everything that occurs, everything which is of humaninterest, and which is of sufficient importance to arrest and absorb the attention of the public or any Considerable part of it.—— The Art of Newspeaper Making這個定義是比較上面的稍爲完全了一些，美人 Casper Gost 氏曾經補充過上項的定義，主張事卽成過去，亦可用記載的方法，使牠成爲一種新奇的新聞，例如關于探險的事情，在當時，很難隨時隨地供給此項新聞，須至事後始能得到詳細的消息，而這些消息的記載實際上雖是過去，而我們還是認爲一種很

有價值的新聞。又如在E.L.Shuman的"Practical Journalism"裏談到在一七七五年七月的美國宣言，這宣言草成後經旬餘日始發表於各報，而在當時的美國人還是認爲這是一件偉大的新聞的。由此可知新聞固然是最注重於時間性，但有時要看事實如何而决定，如果有例外的事實，在時間性方面也可忽略一些的。

（六）美國的一雜誌社曾經徵求全美記者的關于新聞定義之意見，現在錄在下面供讀者參考：

1. 不傷善良趣味，或于法律上不至構成誹謗罪，而爲讀者所欲知之事，皆新聞也。

2. 凡足寄人興味之事皆新聞也。

3. 凡入話題之事，皆爲新聞，而足以釀成一種議論時，則其價値增大。

4.新聞者，以種種之發生，發見，與議論及於讀者有興味之事件，正確而有迅速之報告也。

5.新聞者，與一般社會福利相關切之事件，又能引動個人興味，對于個人，足以當啓發指導之任者也。

6.新聞者包括人類興味中所有之活動，而最良之新聞，卽可使最大多數之讀者，感其興味者也。

此外，尙有種種的說法，都是大同小異的，在美國的威士干遜州立大學新聞科敎授德列亞氏，曾經把這許多美國新聞記者的答案綜合起來。而得到了一個定義，就是：

「以適當機敏之方法，寄興味於多數之人者『新聞也』，而與最大多數讀者以最大興味者，最良之『新聞』也。」

現在，對于『新聞』的定義，雖然言人人殊，莫衷一是；但我們看了上面的各種的見解，也就不難對于新聞的一個概念，有一些認識了。總上諸說，以予所見，姑爲新聞下一定義如下，不當之處，請海內外新聞學家指正：

『新聞者，與人類之社會生活有密切關係，且爲大多數人所感興趣，而爲大多數人所注意之最新或最近之事件也。』

C.新聞學與新聞事業

我們有了新聞，就有了新聞事業，有了新聞事業，就有新聞學的存在了。新聞學乃是研究新聞現象與新聞事業者也。

什麼是新聞現象呢？中國的新聞學家徐寶璜說：『對象便是研究各種新聞的任務。』這句話，似乎是太簡單一點，我們可以照他這句話的意思擴大起來說：新聞現象便是指新聞記者們，搜集了社會裏的許多新聞拿來提供一些自己的意見，或加以批評，然後把他整理印刷成爲報紙，再送至社會，給社會上的人看；待人們看了以後，必然的會引起一種精神作用，這種精神作用，對于社會一定會發生一種影響，這一種過程，便是新聞現象。

什麽是新聞事業呢：凡經營關于新聞紙之出版印刷廣告發行等等的業務，統稱之爲新聞事業。

我們要研究新聞事業的問題，大約不外是下列的幾點：一、新聞事業的類別及它底精神與任務。二、新聞機關組織的方法與形式，是不是合乎科學的？是不是合乎這種特殊的事業的？三、新聞記者的種種條件。四、新聞問題。五、言論自由與新聞事業……等。

我們要求新聞事業的能夠發達或使新聞事業發揚廣大以臻于善境，就非研究新聞學不可。

三　新聞紙之特質

新聞紙的第一個特質，就是公共性。

哲學家叔本華，他曾經說過一句話，對于新聞紙的公共性是揭示了一些給我們，他說：『新聞紙好像映在壁上的影子。』這句話雖然似大攏統一點，但我們只要稍爲思考一下就不難明白他的意思：，"New york journal"的記者Arther Brisbene就依照了他的話的意思說道：『新聞紙是和素樸的反映出社會的原形的鏡子一樣的。』從這句話裏就使我們更清楚的明白，新聞紙是具有着公共性的。

新聞紙是爲社會大衆服務，爲公衆謀福利的一個公共的機關，和別種專以牟利爲目的的商業組織完全不同，因新聞紙之最大目的之一，卽在報告以公衆爲本位的新聞，並表現世界的公正的事理，而代表公衆宣達公衆之輿論者也。故新聞紙乃是一個爲公衆所孕育扶養的產兒，其富于共公主的特質也無疑。

新聞紙旣有其公共性之特質，那麼，就非得要有大衆之盡力愛護，擁戴，及扶養不可，近世之新聞紙，未有大衆之愛護擁戴扶養而能單獨生存于社會者。英倫的『每日新聞』其銷數要算愛爾蘭之佼佼者，有人說：『每日新聞的柱石，是爲無數熱誠之讀者，其力量爲任何報紙所不及，每日縱倒印或側印，而讀者猶不之捨也。』然則如何使新聞紙能得到大衆的擁戴愛護扶養？此無他，只有使新聞紙之本身能充分的發揮或利用其富有公共性之特質也。

第二個特質是：新聞紙的輿論性。

從事報業的人，每以代表人民之喉舌自任，而一般的報紙讀者，也自認新聞紙爲他們的喉舌，所謂喉舌者卽指輿論也。

輿論的所以造成，是由于一般大衆的公意之表現，但有時公意的表現是潛默無聲的，因此新聞紙代爲表達揭露此大衆的公意之表現，于是新聞紙乃有輿論性之存在也。

我們有一句俗話，叫做：『秀才不出門，能知天下事。』這句話也自有他的意味，因爲我們雖然足不出戶，而能知某國之文野，國交之好惡，及風俗民情，足未履首都，而知政令之從違，當道之言行等等，這當然是因爲我們讀了報紙，而由報紙的輿論性所陶冶的緣故。新聞紙之力量所以偉大，其在社會之勢力所以如此根深蒂固，就在於新聞紙之輿論性所造成，一個有力新聞紙的輿論，可以左右民族之盛衰，政局之搖定，社會之安危，以及國際間之親善交惡等。

欲使輿論有力量，無他，即在能代表眞實及大多數的無違於善良風俗之公意也。

第三個特質是：新聞紙的教育性。

有人說新聞紙是『社會生活的縮型，』牠可以告訴我們各種日常生活的知識，並爲我們指示迷津，這是新聞紙的教育性。

每個人的教育生活，——學校生活——只不過佔到全人生的五分之一而已，出了學校的門就時常和社會接觸了，整個的社會是一個廣義的學校，而這個廣義的學校裏的課本，新聞紙就是其中之一。例如，我們讀了外國電報則知世界之情勢。讀政治紀事。則知政局之表裏，讀經濟新聞，則知經濟市場之動靜，讀社會新聞，則知百事作息之眞象，及人情世故等，至於新聞紙之專刊理論介紹等之文字無待論矣。

新聞紙既是有教育性之特質，就非通俗不可，以期成爲一種大衆化之讀物，站在時代之前，以導民衆之前進。故新聞紙愈通俗其成效也愈大。

第四個特質是：新聞紙的藝術性。

報紙上的文字，非但是鉛字之行列，於材料之選擇，及記事之標題，編輯之方法，紙張之潔淨等都含有藝術的要素。

我人每天看報的習慣所以能夠養成，重要的原因，卽在于新聞紙的藝術性之能陶冶吾人情感也。如果在新聞紙的形式

——排版式標題式等——及精神——描寫記載方法等——上不施何等之藝術，則新聞紙、使命，斷難獲得美滿之效果也。

四　新聞紙的分類

新聞紙的分類，由發行的時間上分別起來，有朝刊，夕刊二種。從發行的日期分別起來，有三日刊，周刊，旬刊等。因發行的地方之不同，而有地方新聞紙，與中央新聞紙等。再由新聞紙的內容而言，則有普通的新聞紙，與專門的新聞紙。

現在把他略述如下：

A.　朝刊、夕刊

說到朝刊是早上發行的，夕刊是晚上發行的就夠了，但在美國最早的夕刊，在早上八點就發行的。如此，則朝刊的區別難于判別。朝刊是八P與十二P以上的新聞紙，夕刊則大抵是只四P而已；有的地方把夕刊視爲朝刊的補助物，在日本和我們中國都有這種傾向，因此夕刊大都是由朝刊的報館方面連帶發行而不是獨立的，（如我國上海晨報附屬發行的新夜報等。）在美國則稍有一些差異，大多數夕刊和朝刊是獨立的。（在我國上海出版的大晚報，可以說是獨立的夕刊。）

B. 周刊、日刊

周刊是一周發行一次，日刊是一天發行一次，但是在英國稱爲周刊的是有隔一日發行的，有於一周發行二三次的。在倫敦發行的 Thenewstcheworeld 有了三百萬的發行數，足誇稱爲世界第一的發行數，但這也是周刊本來應以日曜日發行爲原則，但他于金土日的三天發行的。日刊新聞有的是在土曜日休息，在日曜日不出新聞，爲要補這個缺點，故有單于日曜日發行的周刊新聞，這種周刊新聞，與Nail和Times的周刊不同，他的內容是只載日曜日前後的紀事，所以是一種日刊的周刊新聞。Sunday times是最著的一個例，稱這種爲『日曜新聞』爲要與普通的周刊新聞區別的原故。

C. 地方、中央

這二者的區別，有時也是不容易辨清的。如一種是在地方發行的新聞紙，一種是不問發行的地方如何，而是登載以地方爲紀事的新聞紙。前者包含了在中央首都以外發行的一切新聞紙，後者是單以某地方的讀者爲對象的特殊新聞紙。因此在後者的雖是在地方的，也有不是地方新聞紙，雖是在中央，也有應稱爲地方新聞紙的。如上海的各大報（中報新聞報時事新報晨報等）雖然是不在中央發行的，都不能說牠是地方新聞。而南京的救國日報等，雖然是在中央發行的，却只能說牠是地方報紙。

D. Trade Paper

對于普通一般的讀者對象的新聞紙以外，有一種特爲某種職業某種階級或爲某種研究之故，單使這一部份人看的新聞紙。像這種專門性的新聞紙在我們中國現在也有幾種了，譬如：上海出版的專門給大學生看的『大學新聞』，（由作者創辦現已停刊。）以及給婦女看的『婦女新聞』等。但這種專門性的新聞紙，在中國還不能算發達，外國却已十分普遍了，對于銀行家有銀行家新聞，對於農人有農人的新聞……等。我想我們中國將來也是會發達起來的。

第二章　新聞紙的史底發展

一　新聞的原始

我們講到新聞的原始，就要提到『新聞慾』的問題了，新聞之所以發生，實緣于『新聞慾』。人類的本能是富于『新聞慾』的，如果沒有『新聞慾』，人類就決不會進化，文化也決不會發達的。

所謂『新聞慾』者，乃由於『欲知道』，『欲使人知道』，及『欲被人知道』三個心理作用而發生了『新聞慾』。『新聞慾』在人類的原始時代就已隨着產生了。在每一個人當他呱呱墮地時，就跟着發生的。譬如：一個人剛生下地時，就是一陣呱呱的啼哭，這種啼哭就是『新聞慾』的作用，蓋當他從母胎墮下地時，突然變換了一個環境，覺得四周的一切和在母胎時很異樣。而且很不舒服，因此只好啼哭，啼哭者所以『欲使人知道』他的不舒服也。

原始人類，沒有語言文字，最初是用一種手勢來代替語言文字以表達意思，這種手勢卽是一種新聞慾之表現，迨後發明語言，此種『新聞慾』卽藉語言表達，人類社會中發生的一切事象，互相用語言傳述報告，于是有所謂『口述新聞』。更後發明了所謂文字，新聞慾之表現，就進而藉文字代替語言，吾國上古時之歌謠，在當時不啻一種新聞紙，蓋歌謠所包含的內容，有青年男女的調情，以及鄉閭間的瑣事，卽已含有新聞之本質在內。吾國列國時的國風，在當時實可爲一新聞紙也。

文字稍發達，一般類乎『江湖術士』的人，他們漫遊各地，將這一地方發生的新聞編成歌詞，加以一番藝術化的修辭，唱給別一地方的人聽；有時藉此斂一些錢！這就是所謂『賣唱新聞』。

原始人類的做手勢，以及歌謠等；我們可以說是新聞的原始。

二　新聞紙的胚胎

最早的新聞紙是我們中國的『京報』與羅馬的"Acta Diurna"二種，這二種是新聞紙的始祖。

『京報』是『官報』的一類，從周朝就有，一直繼續到清朝的滅亡。京報初名邸報。邸報是純粹的一種官報，史乘記載之可考者自唐代始。唐德宗時，藩鎭皆於京師設置邸第，如今日各軍之於首都設有辦事處或通訊處然，此種邸第，各以『上都邸務留待使』主其事。如今之駐京辦事處主任或通訊處主任然。其名義後改爲『上都知進奏務官』。由其名義可以想像前者似爲專司傳達政令之事，而後者且兼司陳報轉奏的事務了。這時的『邸報』雖專爲傳達政令，與現在的新聞紙不同，但與現在的『政府公報』，除內容繁簡異致，形式差異外，其性質與作用却可以說完全相同了。至於『邸報』的形式，據中國雕刻源流考所述『開元雜報』的式樣，江陵氏所藏者七葉，葉十三行，行十五字，字大如楊錢，有邊線界欄，而無中縫，猶唐人寫本款式，作蝴蝶裝。由此可見這種邸報的式樣，已具有報紙的雛形，不過因當時印刷術尙未發明，不能不用彫刻來出版，，因此式樣甚爲簡陋，又因其作用僅在於記述皇帝的起居言行和傳達政令，銷行的範圍也受着嚴格的限制罷了。

邸報究竟起源於什麽時候呢？這還是一個尚待研討的問題。照歷史的記載來說，到了唐德宗時才有明文紀錄的，然而「邸報」決不是起於唐德宗時。我們卽將上述的「開元雜報」來說，「開元」是唐玄宗的年號，較德宗也要早着六十餘年，可見德宗以前也就有了。

「邸報」到了宋時，內容漸趨進步，不但刊登皇室起居言行，朝廷政令，而且刊載疆吏重臣的奏章及關於國家大政的議論之類了。其發行的範圍，也不限於高級疆吏的衙署，普通的衙門部署這時都分別發給以爲參考之資了。

在宋代，「邸報」之外，還產生了一種「小報」，因爲「

邸報」所載的僅爲一種已經公布的文告命令。而對於皇室或朝廷忌諱的事件，便不登載了。而且有些消息，一般人不耐久待，急欲知曉，往往由疆吏先爲傳出，然後見之「邸報」。爲供應這種時勢的需要，「小報」應運而生，他與「邸報」的不同處，是「邸報」乃爲一種正式官報，而「小報」則爲一種半官性質的報紙。「小報」爲吏邸所辦，其消息既爲官方透出的非正式消息，故往往有不確實之處，官場鑽營，烘雲托月，企圖造成輿論，以便私圖，其性質則與今日一部份報紙，頗相類似。惟有一特點應加注意者，無論「邸報」與「小報」，直至宋末，他所載的都還祇是單純的官方消息，並沒有民間新聞的露布。

到了元朝，「邸報」內容更有了極大的轉變了，那就是從前專載官方消息的，現在却有民間時事的刊登了。「癸亥雜識續集」有云：「邸報既行，評事（黃魂）之鄰有李應麟者爲維揚幕，一見大驚，知有被火之事，亟告假而歸，……及歸家則無恙，乃知爲誤耳」。當時「邸報」所載這個被火的消息，雖不確實，然由此可見已經採訪到社會新聞了。

明朝初葉中葉的「邸報」，與宋元彷彿，惟在此時以前，均爲鈔寫傳送。雖然活字版在宋慶歷中（西歷一〇四二年）已由畢昇發明，爲文化界闢了「新紀元，但這種進步的工具，仍然沒有應用到「邸報」或「小報」上。直到明崇禎十一年（一六三八年），乃由手抄而改用活版印刷，這是中國新聞事業發展過程中一個重要的階段。

「邸報」這個名字，到了清朝才算消滅，而改稱爲「京報」。名稱雖異，但功用與性質則同，在式樣上，也由散張合訂成册。「京報」較「邸報」時代銷行的範圍也更廣了，甚至有人專以發行此報爲一種營業，而且獲利頗厚。這時內閣發抄的文件由「京報」纂輯印刷，人民可自設「報房」兜售。按日發行，每册售制錢十文。最後因「報房」相互爭利，閣抄既下，逕由各「報房」自刻，出版愈早，營業愈盛，宛如今日報紙的營業競爭一樣。

「邸報」最初發生的年代，雖不可考，但卽以史實可徵信的最近的年代而言，則自唐迄今，亦已有一千三百年的歷史。若由漢起，則爲二千一百餘年，由周起則爲三千年。總之，「邸報」爲世界上最早的一種報紙。已無疑義了。

"Aeta Diurna"是在羅馬共和時代發生的，與邸報大概是同一個時代，因誰都沒有看見原物，所以關于由何時才有，是怎樣的一個東西的問題，異說紛紛，不知信那一個才好。一般的傳說，是Juliw caeshr在政務廳的壁上揭示軍隊的調動及官吏的任免的東西，手抄了這個再送發于地方官，就是Actasontus和Acta Diurna popli Romains的一種，前者單在Julius Caesar執政時發行的，到他兒子Augustus Ceasar卽位，因他好獨裁專制，而覺其無用，故放棄之，可是以後的執政者把他一直繼續到帝政時代。Karl Bucher: Dien Etstchung der Volkewintochaft，後來Diura這字成了Diurnal和Jaurnal，最終轉到現在英語的Jaurnal。

和這樣相似的，有叫做News Letter的，這是當羅馬時代已經發生了。在中世紀到近代的初葉，這是最盛行於歐洲的。最初那些住在本鄉的貴族和富豪，雇了中央都市的人，使他報送該地的消息，起始在中央都市裏，這樣寫送情報的人，是受僱一個主人，而單對這個人寫送。可是後來，因需要的增加，乃成爲一種通訊者的職業，一時應接許多顧客的需要，在沒有助手的時代，一一都是手寫的，俟印刷術發明以後，也慢慢地印刷了。

News Letter 是私人給私人的信的形式，所以信裏面隨便寫着什麽，都不受何等法律上的裁制，在取締公刊物極度嚴重的時代，若是在公刊物上寫了些顯明的事，則有意外嚴刑的憂慮，所以這種News Letter到新聞紙發生以後還是流行着。

這是英國的故事，但 News Letter，被印刷以後沒有多久，就改了固有的信的形式，爲册子體裁，題有一定的名號而發賣了，這是登載 News 的册子，所以稱爲 News book。在英國最初發行的是：Oxford Gazette 就是現在的 London Gazette，這是一張印了二頁的東西，不稱之謂 Beok，人家都稱爲 Paper，這是 News paper 的起源了。

在英國以外這種 News Letter，只異其名而也行于各方，最初以寫送政治問題及街頭的雜事爲主，後來商業也漸次地利用牠了，到中世紀，都市的勃興時，如威尼斯，安特衞普（Antwerp），紐蘭濱等處都成爲這種通信的中心地。

以上的中國的邸報及羅馬的 Acta Diurna，以至于英國所盛行的 News Letter，實爲新聞紙的胚胎。

三　初期新聞紙

最初發現具有現代新聞紙的形式的，要從意大利說起。當一五六六年在凡尼斯發行一張印刷好的 Notizie Scritte，這新聞以意大利貨幣Gozett，販賣，這Gozette的名詞誰都叫慣了，因此現在的新聞紙在意大利又稱爲Gazette，一般傳說這 Gazette的由來，是從希臘語的（Gaza（寶庫之意——著者註）轉變而來。Magazine（倉庫之意）是貯藏各種材料的意味，而被用在雜誌的意義上。因爲Gaza是收藏各種貴重紀事的寶庫的意味，所以新聞紙方面是容易接受這個意義的。

在德十五世紀的中葉，印刷發明以後，不久就首倡了Relationen和Neue Zei tungen等產生，像英國的News book似的東西，可是發行總是極不規則地忽停忽出的，待活字印刷術發明以後，過了百六十三年，卽一六一五年，有個德人叫 E.Emmel的發刊 Die Frankfurter Zeitung，這大概是德國新聞紙的元祖了，這新聞紙到現在還是續刊著。稱爲世界最古的新聞紙。而 Emmel 被稱爲『新聞紙的祖』。

在法國當一六〇五年，有個似乎叫 Mercurie Francois 的新聞紙產生，這也是發行極不規則的。正式的新聞紙以一六三一年創刊的 Gazette de France 爲始，這新聞紙當 Dr. Theophraste Renaudot 創刊的時候，在開地納爾里修留的擁護之下，像機關報似的服役着。

英國最初發生的新聞紙是一五八八年發行的 English Mercurc，現在這報的五十號五十一號五十三號這三份，說是被保存于英國博物館，可是到了一八三九年發現所保存的是一七四〇年間的僞物，固爲判明稱 Mercurie 的新聞紙，不是在那時代發行的，這紙被認定是僞物。那末英國最古的新聞紙，誰都知道是在一六二二年創刊的Nathaniel Butter的 Weekly News了，Weekly News是簡稱，實在是稱 Weekly News from Lealy, Geramane, Hungaria, Bohemia, the Paiatinate, France and the Low Countlee，然稱爲周刊與現在新聞紙的題號似乎是不同了。於一號中有不能容納的材料，則同一個第一號，出第二次或第三次。總之，這是英國周刊而成爲英國新聞紙的始祖，日刊新聞是一七〇二年三月十二日創刊的Daily Courant,爲祖。

至于美國最古的新聞有種種異說，最先當一六九〇年七月在 Benjamin haris 發行的Purlick Occurrence Loth foreign and domestick, 但是這新聞不久就被禁止發行，現在美國所存在的新聞紙中，以一七五六年創刊 The new Liampshire Gazette 爲最老，一七五六年是約在美國獨立戰爭前二十年。

現在把那些各國初期的新聞紙創刊年月的順序列出：

新聞紙名	國別	年月
Notizie Scritte	Italy	1570
Die Frankfurten Zeitung	Germany	1615
Weekey News	England	1622
Gazette de Frape	France	1631
Postoschinrikes Tidning	Sweden	1644
Nerecurius Politicus	Scotland	1653
Courant	Holland	1656
Puflickoccurrences	America	1690
Pue's Occurrences	Ireland	1700
Gazette	Russia	1703

Gaceta de madrid	Spain	1704
Gazette	India	1781

【附錄】茲將現在還繼續發行的最古新聞紙列下以資參考：

Die Frankfur ter Zeitung	Germany	1615
Postosch Inrikes Tldning	Sweden	1644
London Gazette	Englana	1655
Ebinburg Gazette	Scotland	1690
Stamford Mercury	England	1695
Vossische Zeitung	Germany	1704
Dublin Gazette	Ireland	1705
Leeds Mercury	England	1718
Liscestər Journal		1753

Freemans Journal	Lreland	1763
New Hampshire Gazelte	America	1756
Newport Iercury		1758
Newcastale Chronicile	England	1764
Connecticut Courant	America	1764
Salem Register		1768

四　中國新聞紙的發端

中國之有近代新聞紙，以國外華僑亞發氏與倫敦教會英人馬遜等在南洋麻六甲創辦的察世俗每月統計傳爲最早。時當遜清嘉慶二十年（一八一五年）至光緒元年（一八二一年）。該刊是一種月刊，初印正百册，繼印一千册，銷售於南洋華僑薈集各地。內容刊載國家大事，又闡揚宗教的文字。國內亦因船舶的便利，時有流入。道光三年，（一八三〇年）又有特選撮要發刊於巴達維亞，一八二八年有天下新聞，都是由西教士主持。這時華僑在南洋參加創辦好幾種新聞紙了，而國內除舊有官方的「京報」外，新式的報紙還是一種都沒有。

在國內出版最早的新聞紙，爲一八三三年在廣州出版的東西洋每月統計傳，也是一種月刊。至一八三七年停版，由英人戈石臘所主持。繼之而起的有一八五三年在香港出版的遐邇貫珍（當時香港已劃讓於英）一八四五年在甯波出版的中外新報，一八五七年在上海出版的六合叢談，一八六二年在上海出版的中外雜誌等，其中除中外新報初爲半月刊，後改月刊外，其餘均爲月刊，總計已不下二十餘種之多，均爲敎會及西人所創設。其後，廣州有中外新報七日錄，及上海有教會新聞的出版，是爲國內週刊的濫觴。

一八五八年（咸豐八年）伍廷芳向香港孖剌報建議，增出中文晚報，名曰中外新報，卽由伍任編輯。初爲間日刊，後改爲每日出版，是爲中文的第一日報。該報至歐戰後始停，有六十年歷史。繼之而起的有近事編錄，及華字日報，上海方面，則有字林洋行的上海新報滬報。滬報後售於日人，改爲同文滬報。

到了一八七二年（同治十一年）三月二十三日，英茶商美查在上海創辦申報。光緒十四年添招外股，改爲美查有限公司，美查回國，託阿柏拿及芬林主持，光緒三十二年（一九〇六）因營業不振，由該館買辦席子佩借款接辦，名義仍屬於外人。民國元年，席子佩又轉售於史量才以迄於今，此爲現在最老報紙申報的大略。一八九三年（光緒十九年）華高組織公司，創設新聞報，推西人丹福士爲總董。其後公司解體，丹氏遂爲該報主人。光緒二十五年，丹又失敗，爲英人福開森所購得。民國五年，英公司解散，改組美國公司。是卽現在的新聞報公司。

以後，外人在中國辦報的接踵而起。平津有德人催林的時報，畢士連的北京日報，天津益世報爲美國教會所創設。而日人在華報紙尤多，光緒二十三年，在福州有閩報，二十七年在北平有順天時報，三十二年，在瀋陽有盛京時報，三十四年在大連有泰東時報。以上各國在華中文報多數至今猶存。一二八後，美人在滬又有華文大美晚報之創設。

至於在華西文報紙以葡人發刊的蜜蜂華報（A alella ca China）爲最早，（一八二二年）距今已有一百十二年，而規模亦最宏大。該報非僅一種刊物，乃用各國文字於中國各要地刊行，有英日等各國文字。其中以英文者爲最有勢力，日文次之。英文者如字林西報（North China Daily News）即爲此種西文新聞事業託辣斯組織之一，近年已發展至三十種以上。其他外國文字的報紙，如俄德法諸國均有，仍以日文者爲最多，此項外報多數在滬發行。大抵在北平天津青島濟南烟台瀋陽哈爾濱大連安東長春漢口上海福州廈門廣州香港各地，此種外字報爲便利外僑而設，表面爲傳敎通商的輔助，實則以代表各該國在華利益爲背景，多軼出傳敎及純粹經濟活動的範圍，而爲一種政治侵略的工具。

華文印刷新聞紙的開始雖早在一世紀以前，（一八一五年的察世俗每月統計傳）然既爲外人所主持出版，地點復在外國，其純粹由華人資本自辦的報紙而在國內出版者，直至相距五十八年後方始發現，是即同治十二年（一八七三年）在漢口出版的照文日報。該報爲艾小梅氏所經營，於是年六日發刊，初爲日報，後改爲五日刊。其次爲次年（一八七四年）王韜氏在香港創設的循環日報，同年上海亦有滙報的出版，今循環日報猶能屹立於香港，其發行日期僅遲於申報二年，而申報至民元始完全移入華人掌握，是故現在全國的報紙由華人經營而歷史最久的當首推循環日環。

在這裏我們還應當注意一事，那便是太平天國時代的新聞事業的問題，這個問題我們既要談，國人自營新聞事業的起源，却不能不研究一下，因爲如其太平天國內曾經有過新聞紙，那末任何國人自辦的新聞紙都沒有他早的。太平天國建於咸豐元年（一八五一年）而亡於同治十三年，他亡的那年正當循環日報出版而爲照文日報出版的次年。太平天國軍師干王洪仁玕的幕客中，有一個西教士草擬「資政新篇」，內有設立新聞館的建議，（見黃著中國新聞事業）謂「設新聞館以載民心公議，貨價低昂，事勢常變，上覽之，得以資治術，士覽之，得以議貫通，商覽之，得以通有無。」照這樣做去，完全是現在新聞紙的典型了；當時實行了沒有？和辦理的成績若何？現已難以考證。惟洪秀荃既硃批『欽哉以策是也！』足見曾經採納了他的建議，或者新聞館也曾經設立過的，不過當時戎馬倥傯，建都南京僅十餘年的歷史，（一八五一——一八六四年）又與清軍鏖戰，連年兵燹後的南京，典籍蕩然無存，且清軍勝利後對於太平天國足以引起人民同情的新政，竭力消滅其遺跡，所以「新聞館」卽使設立過也難留痕跡了。無論如何，這總是自辦報紙的一種最早的企圖，我們不可因爲搜尋不着實證，而加以忽略的。

在循環日報出版之後兩年，（光緒二年）上海又有新報出現，到了光緒十二年，廣州發刊廣報。

自一八七三年至一八九四年二十一年間，可以說是中國自營新聞事業的萌芽時期。雖有上邊的幾種報紙出版，然仍如魯殿靈光，陰氣沈沈地直至甲午（一八九四年）中日之戰以後，一個青天霹靂，驚醒了睡眠的中國朝野，而新聞事業才如雨後春筍般地發榮滋長起來。

五　新聞紙的流變

新聞紙的流變可以分做三個時期，卽（A）個人時代，（B）政治化時代，（C）營業化時代；現在分述如下：

（A）個人時代——一切的新聞紙起初都是個人經營的，集了多少資本，苦樂平分地開始，或是有些文才的人，爲想發表自己政治上的意見而辦的。最原始的是自己一個人出資本，自己一個人做，自己一人担任販賣，有時自己一個人從排字到印刷都担任的。此後不久則集了極少數的人，徵小的資本而經營新聞紙。像倫敦的 Times 創刊者的第一世 John Walter 他做了各種事業，都不能達到理想的成績，一時蹈于悲運，且很少朋友與他協作。嗣後他起了擬發明將從前要集合一個個活字，爲聚合一句句的動機，經一番努力居然成功了。（卽所謂 Logagraqq）。由此印刷一張新聞紙似的東西，就慢慢地成了 times 創刊的發端。那時他已經四十歲了。Logograqq的結局終歸于失敗，但是他創辦『泰晤士』用了新的編輯體裁的方式，博得很好聲價，終築了現在『泰晤士』大成的基礎。

在第一世的 Walter 時代，Walter 當社長又兼主筆及編輯長。到了第二世 Walter 時，營業方面與編輯方面始明白地區別。後來到第三世 Walter 以至到第四世的 Walter，才聞名于世。直到他弟弟——Arthun Frase Walter 繼襲的時候，泰晤士純然是爲一家所有的財產。這就是新聞紙在個人經營時代的一例——在初期的新聞紙，大都是由個人經營的。

（B）政治化時代——新聞紙與政治是最接近的，不論看那一國的歷史，新聞紙的勃興，一定與那時的政治有關係的。如英國當十六七世紀時，一時流行政治雜誌，却好那時是英國政治最紛雜的時代，以此促成人人都有想說出胸中蘊藏的心意。因斯親互特王統的紛擾，發生了長期國會，查理一世被殺，克林威爾的執政政治，克氏死後其子Lichara Cromwell II不肖，沒有繼承遺業的能力，那時抱不平的王黨迎查理二世重復王政，這樣似乎是平定了，但是後來查理二世因信仰上帝的問題，不容於人民，致同樣的被驅逐，與倫治乃迎威廉爲王，致成所謂名譽革命，當時是政治與宗教聯合着的，有一些逆理的人，都想在新聞紙或雜誌上發表他們的鬱憤。

再說到十七世紀是怎樣的一個時代，當這個時候司威佛和約遜及斐爾氏等在Club街同伴的時候，下面有枵腹盛談天下國家的文士，上面有厭惡新聞的宰相，故對新聞紙課印紙稅，對新聞紙的廣告也課稅，且禁止擾亂議會的旁聽筆記，致不服的John willimes提出North Britoin關於出版自由的問題，開始與首相Rurt爭辯，他方面有到現在還是不明其本體的匿名記者Junius竭力四面八方去運動，到了國王喬治第三時，鼓着勇氣去主張他的主義，新聞紙的任務像是完全與國王及政府與社會爲對壘而論爭似的。在這種時代，新聞紙盛行政治論的事，是顯而易見的。

所謂機關報者，大都是在這個時代開始的，每一個政黨要想宣傳他的政見或主義，以備攫奪政權，於是都利用了新聞紙做代言人。就是政府方面，爲了要宣傳德令，或發揮政論也都是利用新聞紙做工具的，因此新聞紙在這個時代是變成政治化了。

但是這種時代是不能永遠繼續下去的，若帶有政黨政派的色彩，新聞紀事總是偏於一方面而缺乏公正，常傾於議論，致忽略了新聞的本來使命：『報導的任務』。而讀者的範圍自然也傾向於一部分，要得一般很多的讀者是不可能的，所以發行數不得發展，這倒底不是立業之道，所以這類政治化的新聞紙到底終歸於失敗了，或滅亡了。否則，就改變形式，如英國稱爲自由派的Dally News，稱爲保守派的Morning Post也都改變色彩。當一九〇七年時榮顯的Tribune是自由派的機關報，雖是優秀的新聞，可是不久就倒，這就是一個例。

(C)營業化時代——新聞紙到現在差不多都成了營業化的時代了。新聞紙不僅不爲某一部分人所壟斷操縱，且是歸於大衆所有的了。近代的新聞紙無論是在內容方面，極力避免爲某一部分人所利用，而儘量設法使他供給一般大衆的需要，在報館方面，是更互相競爭，竭力吸收多量的讀者。因此新聞紙是趨向營業化了。現在世界的大新聞紙，幾乎完全是營業化了的，就是在資本方面，也都採取股份公司的組織。因此我們可以斷定新聞事業愈發達，則新聞紙的愈趨營業化也是一定的。

第三章　新聞紙的生產過程

一　採訪

新聞紙生產過程的第一個步驟，就是採訪。茲分述如下：

A. 採訪之意義

所謂採訪者，照字義而論：凡在許多靜的或動的事物中，偶然採得任何一種新聞者，謂之採，事物一經變故，即有導線，訪員得此導線，從事訪問，其訪問之時，已有一種固定目的者，謂之訪，前者以歸納爲手段，後者以演繹爲手段。

担任採訪新聞的人，曰訪員，或外勤記者，外交記者，在英語中曰：Reporter。訪員之職責甚重，猶如戰場中的士兵，他的對於社會之影響甚有舉足重輕的關係。因此訪員在採訪新聞時最應注意者卽（一）以忠實不欺讀者爲惟一要件，對於所訪新聞應絕對負責，毋摭拾人言，毋違反事實。（二）對於新聞須眞確，採訪新聞如有疑問，寧聽毋信，寧訪再記，庶不致偏聽而違反事實，更不致爲人利用。

B. 構成新聞的原子

構成新聞的原子者，卽所謂W要素也。無此要素，卽不成其爲新聞。試列舉如下：

（1）What? 何事……………事件之性質

（2）Who? 何人……………事件之主體

（3）Where? 何處……………事件之地點

（4）When? 何時……………事件之時間

(5) Why?　何故……事件之原因

凡爲一完整之新聞，必須具備此五要素，故此五要素係普遍的，適用於任何報紙，任何新聞，任何地域，往昔如斯，現今如斯，將來亦如斯，缺其一焉，卽不足以構成一完備之新聞。惟其然，訪員出外採訪必須以此種要素，爲一種新聞之骨子，擴而大之，成爲一極詳盡之記載，縮而小之，亦不失爲一完整無缺之新聞，試更分析言之。

1. 何事——如一暗殺案，當然須明其性質，但如僅記『發生一暗殺案』則決不能單獨成立一新聞，故『何事』明瞭後，仍須兼備其他各項之要素也。

2. 何人——然後採求（一）被暗殺者爲何人，（二）傷在何處，（三）傷勢如何，（四）已否身死或何時身死，（五）

其略歷如何，（六）家庭狀況如何，（七）平日行爲如何，（八）被暗殺者一人或一人以上，（九）其他，均可包含於此要素以內。

3.何處——在此項要素中應述明：（一）兇手之來踪去跡，（二）事主因事經其地抑被誘至其處，（三）暗殺時之情景，（四）何種兇器，（五）兇手何人，人數若干，面貌服飾如何，逃去幾人，被拘幾人，（六）兇手有何死傷，如何處置，（七）兇手有何拒捕行爲，如有，則應詳記之，（八）其他。

4.何時——此包含事件發生之始末之時間，但除此以外，如傷者於何時死，兇手於何時被獲，亦有注意之價值，因新聞有時間性也。

5.何故——此卽指事件發生之原因，爲一篇新聞之骨髓，苟僅以上四項要素，而缺此一項，則一般人祗知有此一樁暗殺案，而對於暗殺之由來仍莫名其妙，豈非一大缺憾，故訪員對此，應根據事實探明原委，萬勿偏聽一面之詞，以訛傳訛，蓋新聞不確，足以減殺社會對報紙之信仰也。

C. 探訪新聞之標準

何種新聞是爲報紙所需要，何種新聞則不爲報紙所需要，因此發生了探訪新聞之標準，在美國等如芝加哥講壇報，美國聯合通訊社等對於各地特派訪員均有所謂『規約』與『禁約』之頒行，預向特派員說明，不能背此拍電送稿。而在我國新聞界則尙無此項規定。玆將講壇報與美國聯合通訊社之規約分錄於後，以資參考。

（1）不需要之新聞：

1. 車掌司機人工程師無人認領者，或職位姓名不明者之死亡，或不幸事件，但突生事件，死亡在二人以上者，或致財產受重大損害者，不在此限。

2. 通常瑣屑事件，如機器折斷手足等類。

3. 輕微之盜竊案件。

4. 普通人之死亡，但負有聲譽者，則應先電本館請示。

5. 强奸、墮胎或穢褻事件，但如屬有各人物時，僅需記載法律上已經證明之事實，謠傳勿寄。此外如親屬相奸或殺害嬰兒事件不甚需要。

6. 紀念日之觀察與慶祝，但有國家名人演說者，宜先郵告本館，由本館酌定。

7. 微細暗殺案之每日審問記錄，但事前經本館指定者不在此限。

8. 普通運動新聞，但事前向本館請示者除外。

9. 鄉市間之日常事件。

10. 爲旅館宣傳或其他類似之廣告新聞。

11. 通常劇場或娛樂場所之通告。但在大市鎮或負有重望之藝術家不在此限，可將最初之節目或有價值之事項，寄至本館，以待決定。

12. 祕密結社之報告，其經指定者不在此限。

13. 學校始業，教員就職，但指定者不在此限。

14. 田禾收穫之新聞，但如秋收前忽有暴雨嚴霜，可向報館請示。

15.普通婚姻禮節，但苟爲重要人物，仍須報告。
16.普通之侵害訴訟。
17.怪產。
18.距離較遠之罪案或執行死刑。（苟爲負有聲望者當然需要。）
（2）需要之新聞：（聯合社規約）
1.政治新聞，應以全國之公衆興趣爲主，勿偏重個人或黨員。
2.選舉，但僅限於當地一隅者，毋需寄遞。
3.羣衆大會，演說，盛宴等。
4.鐵路或其他官員之委任，而爲人所注意者。
5.鉄路新公司之成立，或舊公司之合併，以及托辣斯或大公司之創設，每足以使資本財產之大集合，而與公共之福利有關者。

6. 商店倒閉虧逾三萬元，核明資產債務，而代理人或收款人已有一人正式委定時。

7. 虧用帳款數逾一萬元者。

8. 罷工失業人數逾二百，或足以引起一般人之注意，及阻礙運輸交通，或罷工者有一部分暴動時。

9. 暴風猛雨損失多數生命財產者。

10 突生事件死亡二人以上，或損壞大宗財產者。

11 火車肇禍，損失逾五萬元，死傷一人以上，普通火車之傾覆，不甚需要。

12 船隻遇險，損失逾萬元，死多人者。

13火災損失逾五萬元，死傷多人，而焚毀商舖三家以上者，至保險總額亦須略記。

14重要案件之審問，須照報館指示各點，慎爲記述。關於鉄路公司，大商店及公衆感有極大興味之案件的判决詞，須簡明敍述，其他普通刑事案件之預審或判决非所需要。

15.暗殺案件，除有非常特殊情形者外，可簡略敍述之。

16盜案除足以駭人聽聞者外，須損失在五千元以上。

17罪犯執行絞刑，須先將其罪狀由郵遞寄，然後候示拍電。

18强奸或墮胎，均不需要，如墮胎者係有名婦人因而死亡，或行奸之人被捕時，報告之。

19各項運動，須先將節目送至報館，如需要此種材料，即當覆請採訪，關於懸獎角鬥，運動比賽，打靶，競賽等等，苟參與者之聲譽，僅限於本地即無需寄稿，但因此而致有死亡，或突破一省或世界之紀錄者不在此限。

吾國新聞事業及社會狀況尚不能與美相提並論，瑣屑者太多，上列標準因爲美報對各地特派員而設，若當地新聞（即本埠新聞）則限制恐當較寬。此無他，新聞距離之遠近，關係之疎密等，在在與讀者之興味成一正比例，往往在外埠報紙中所認爲重要之新聞，而在本埠新聞中則僅佔地方版之一角而已。

至採訪之標準，則概括言之，在合於新聞價值 Newo value。凡富有新聞價值之新聞，均爲報紙所需要者也。新聞價值就是判斷採錄於新聞紙的 News 的價值的多少的標準。即這紀事與讀者興趣的多寡，亦即 Spencen 博士所說的：『依刺激的程度如何。』

D. 新聞之訪問

採訪新聞中最重要之工作，爲訪問，英語稱之爲 Interview。以訪員言，乃對外交際活動之最大任務；以報紙言，乃各種新聞之來源。蓋訪員採訪新聞，不能不與外界接觸，更不能不從訪問以得新聞，故就廣義言之，謂一切新聞材料，胥由訪問而來，訪員任務厥在訪問，決非過言。就狹義言之，則所訪之對方，祗其姓氏已足爲新聞中之重要材料，其一言一動，已足成爲一完整之紀事。準此以觀，訪問實爲採訪新聞之一種工具，新聞材料之獲得，決不能離開訪問。美國報紙，視訪問爲一種採訪新聞之工具者，據美新聞家休門考查之所得，以爲始于一八五九年之紐約通報，(N.Y.Herald) 距今適六十八年。斯時約翰勃郞(John Brown)侵略哈利渡口，(Harper Ferry) 紐約通報急遣訪員至 Petenboraugh 訪葛利脫司密司氏 (Gerrit Smith) 於其家，司氏隨問隨答，任意談論其事，然所言均爲重要之新聞，訪員歸而記之。翌日，『葛利脫司密司氏』之名，赫然見於報紙，初不料一夕談話，竟成絕妙新聞材料，是爲近代新式訪問之嚆矢。未幾，美國南北戰起，各報踵相效由，訪問式之紀載，於焉大盛。倫敦報紙亦起而效之。至於今日，則『訪問』式之記載，已成爲不可者矣。

訪員於訪問新聞時，須注意者應認淸訪問之主體，訪問之主體分爲二，卽：(A)以事爲主體——如某處有突發事件，訪員卽馳赴該管之捕房，叩詢一切，請求證明，補充。但注重在事，而不在被訪問之捕房，故當敍述新聞時，可僅敍其事，而略其人。因在此種情態之下，新聞之價值，在事而不在人，故記述每偏重於事的方面也。學者稱之爲略式的訪問(Laformal interview)。（Ｂ）以人爲主體——若其人之資格已足爲報紙上之材料，如蔣介石汪精衞的來滬，各報記者趨之若鶩，一叩其對於政治改革之方策，與時局之意見，而紛紛披露於其報紙。蓋此種新聞以被訪問之『人』爲主體，其行動爲全社會所注意。其言尤關於政局，故觀其丰采，聽其言論，訪而問之，整而理之，已足爲一則富有新聞價值之紀載。學者稱此種訪問爲正式訪問。(Formal in terview)

訪員訪問時，應先審察對方之性格，以定發問之步驟，『

知己知彼』，『百戰百勝』，用兵然，訪問亦然。訪問時，宜曲線式的，不能直截爽快，否則對方以『是』或『否』答之，仍不易得有結果也。次之，在訪問時，訪員之態度．不宜傲慢，亦不宜輕浮自卑，以免為人所厭棄。尤注意者，卽溫和與鎭靜也。

在沒有『訪問』以前，一定先要有預備工夫，將待問各點，充分考慮，大體既定，然後摘錄紙上，（見面時不可出示）庶幾成竹在胸，處之可得泰然也。

E. 訪員之十誡

（1）關於作業者：

a. 尊業尊己，報業乃至高尙之職業，勿自輕地位，自降人格，亦勿視己為至高無上。

b. 以坦白之態度對人，以冷靜之頭腦處事。

c. 養成好品性，好習慣，忠於職務。

d. 嫉忌心不可有，競爭心不可不有。

e. 勿爽約。

(2)關於作稿者：

a. 凡作新聞應注意『新』之原則。

b. 文字忌冗蕪，務求明潔。

c. 新聞宜靈確。

d. 不宜加入主觀的批評文字。

e. 訪聞如有疑點宜擱筆再訪。

F. 訪員應有之常識：

(一)宜多跑腿，不宜輕信人言。

(二)須有敏捷之新聞鼻(A nose for news)以嗅覺新聞之所在。

(三)須有推理能力，以憑理智推想事實。

(四)應拋棄個性，捨棄私見。

(五)須注意嚴守新聞來源之祕密。

(六)對於各政治警事機關須熟悉，因此乃新聞來源地也。

(七)對於要人之住宅，平日應列表編錄。

(八)對於各機關及要人等之電話號碼，汽車執照號數，亦應編錄日記簿中。

(九)剪貼報紙，以備搜尋新聞之線索。

(十)對於攝影工作應熟習。

(十一)凡未來之事實，已預示其日期者，(如將於某日開市民大會）須一一記入於『新聞預記簿』，將每日工作日程一一筆之。

（十二）須有忍耐性格，才有結果。

二 編輯

新聞紙生產的第二過程，是編輯。分述如下：

A. 準備工作

在沒有着手編輯以前，先有一種準備工作，這種準備工作可分爲二個步驟，即：a. 蒐集材料——所謂材料者，乃指新聞而言，蒐集材料的方法，由於報館經濟狀況而決定。現在一般報館蒐集的材料，大都是由各通訊社而來，其次是由報館的特約訪員，（此種特約訪員在各機關及救火會醫院公安局捕房等處皆有特約者，如發生事故卽由此等特約訪員，打電話至報館報告，如事態嚴重者，復由報館派記者去按址調查）或公雇訪員，（公雇訪員者乃以同樣之新聞若干則同時供給於各報，此等訪員謂之公雇訪員。）及專雇訪員，（爲一報館所專雇者）等。第二個步驟卽b.新聞之取捨——既有材料然後加以一番整理，把許多新聞稿綜合在一處，一一約略披覽一過，分爲五類，分別置放：1.重要者，2.次要者，3.可用可不用者，4.絕對不用者，5.備用者。並將同事件之新聞，堆置一處，事實不可相紊，秩序務求整齊。在此時，更應注意者，卽須仔細觀察『新聞之毒素』。所謂新聞之毒素者，就是新聞中含有一種作用，此作用足以影響於讀者者，編輯員對於此種稿件，對不宜刊用。凡關於『風聞』『傳說』之新聞，在未調查確實以前，及已失去時間性之新聞，尤不宜刊用。

B. 着手工作

關於編輯的着手工作，我們可以分爲三個步驟來講：

(1)修正原稿——在開始閱稿時，如原稿未經圈點者，須加以圈點，對於原稿字句之不通順者，加以潤濕，不妥者予以刪除，如强奸案中之穢褻字句以及其他新聞中架砌而成之廢話均應在刪除之列。對於事實之矛盾者如甲稿謂某人已刺死，而乙稿則謂常未畢命，編輯員遇到此類矛盾新聞，應派訪員出外活動，一探究竟，然後加以改正。

(2)製作標題——編輯員之最緊要工作，便是製作標題，修正原稿後，卽開始製作標題，製作標題應注意者，有下列數端：

a. 標題宜重事實，不宜臆斷。
b. 標題須爲新聞中之主要事實。
c. 標題在以少許之字敍多量事實，用字須正當。
d. 標題中之時間須表示現在。
e. 標題之大小縱橫，以新聞繁簡及新聞價値而定。
f. 標題鉛字之大小與新聞價値爲正比例。
g. 標題排列宜美觀。
h. 標題須醒目。
i. 標題不宜含有批評語氣。
j. 標題字意，不得含混。
（3）編輯的藝術化——所謂編輯的藝術化者，大部分在指新聞之排版而已，新聞之排版，宜美觀，使讀者發生好觀，凡具有特別興趣之新聞，四周宜加花邊以助美觀。

排版時分爲長行與短行，所謂長行者乃文長二皮之謂也（普通報紙每版分爲十二皮）如下式。

中英庚款

董會昨在杭開常會

討論各案提明日全體會決定

杭江路今邀各董事游覽

（本社二十一日杭州專電）中英庚款董事會二十一日晨九時在杭江路局開第二十一次常會，出席董事長朱家驊董事顏德慶葉恭綽馬錫爾等，列席祕書主任沈士華，總幹事杭立武，由朱家驊主席，除報告會務外，討論案件頗多，重要者如浙省興築錢江大橋材料借款及浙贛鐵路公司與築玉萍段材料借款等數案，均未有決議，須提出下星期一全體董事會議，作最後決定，至午始散。二十二日晨，各董事參加浙江大學新校舍奠基典禮，下午應杭江路局邀，專車游覽杭江路沿線，當晚　金華返杭，二十三日晨開全體董事會議，曾養甫宋子良李四光均將出席。

短行者，乃文長一皮，如下式：

市北中學

舉行新舍落成禮

本市閘北永興路市北中學

，定今日上午舉行落成典

禮，昨午舉行遊藝會，各

界來賓到者甚多　該校新

禮堂約可容七八百人，內

該校童子軍擔任糾察，維

持秩序，各項均極精采，其中尤以金銘石之魔術，民教館之口琴合奏，吳林兩女士之蝴蝶姑娘等，尤爲出色，聞今日下午又有新節目云。

此外又有所謂三改一（乃三皮合拼成一皮）或四改一等之名稱，視其新聞價值之如何以爲定，舉例如下：

美海軍大操主題爲

防衛巴拿馬運河

海軍將取攻勢陸軍準備迎擊

此種演習含有一種嚴重意味

（哈瓦斯二十日巴拿瑪國京城電）美國大西洋艦隊軍艦一百零一艘，由太平洋駛回大西洋，參加海軍大操，其主題爲巴拿瑪運河之防衛，美國駐紮運河地帶之軍隊全部出動，其附近各小邱，有控制運河之形勢，現已安置強烈探照燈，高射砲及瞭望台等，飛機亦已準備出發迎戰，但攻擊方面，是否由空中襲擊，或海軍陸戰隊企圖登岸，抑或由軍艦轟擊，尚不可知。

（上例爲三改一之式）

在歐美的報紙，其排版式有所謂階梯式者，此式甚爲美觀，且科學化，吾國上海時事新報首行此式，近各報亦甚多倣行者。所謂階梯式者，乃新聞之排列，如階梯然，新聞之最要者，排於左上角，次要者及又次要者依次排列，如階梯，至於不重要之新聞，則排於二旁。茲繪圖以明之：

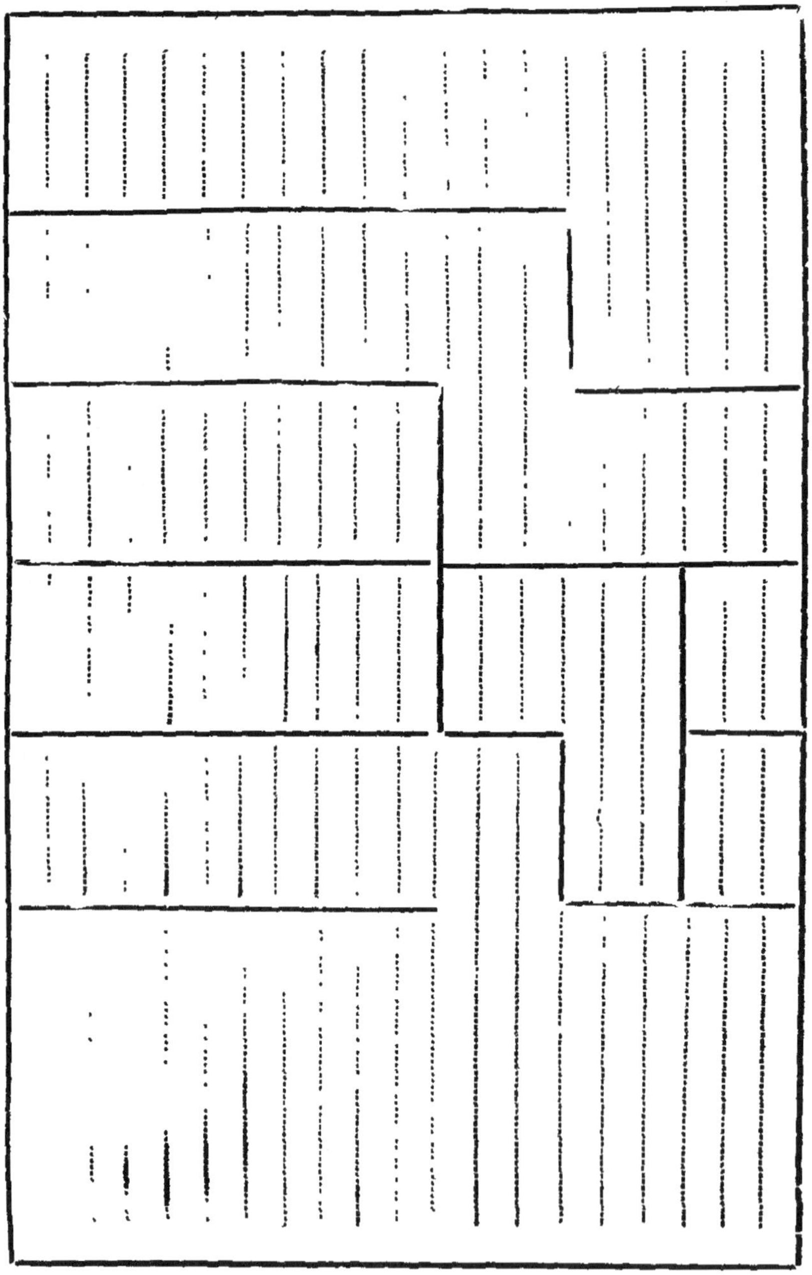

C. 綜合編輯法與分類編輯法

所謂綜合編輯法者，乃以新聞之事件爲單位，同一事件，不論其由何地發來，皆把他綜合起來成爲一條新聞，此種編輯法首創於美國，因此又稱爲美國編輯法，舉例如下：

海屬轉危爲安

劉匪復竄囘魯東

殘部僅剩二百餘抵臨沂東北
韓令展曹谷等師包圍激戰中

中央留徐三機俟匪清後南旋

（本社二十一日徐州專電）劉匪二十日囘竄蘇北贛榆境後，狀極狼狽，迄二十一日晨仍盤踞贛榆西北三十里之張莊一帶各山中，無南來訊，駐徐兩機二十一日晨飛往轟炸，七師開白塔埠下車，北發迎擊。

（本社二十一日徐州專電）空軍息，劉匪在蘇北受空軍迎頭轟炸，未敢南來，二十一日午又四竄魯東莒縣南境，三機飛抵該處，擲彈十餘，斃匪四十餘，馬二十餘匹，殘匪繼續竄入魯東，海屬贛榆青口一帶又轉危爲安。

（本社二十一日徐州專電）劉匪以魯東多山，易於避匿，蘇北無山，故復竄魯東以存身，查匪二十日晨入蘇，二十一日晚囘魯，踞一晝夜，再囘魯東，魯軍仍跟擊中。

（本社二十一日濟南專電）魯軍展書堂谷良民兩師二十日入蘇，追剿劉匪，王均亦派一團到贛榆一帶截擊，劉匪恐受夾擊，二十日夜突由朱汪李家莊一帶向西北囘竄，二十一日早過蘇魯交界黑林鎮，經展谷兩師痛剿，斃俘各七八十人，獲馬六十餘匹，槍四十餘支，殘匪分兩股，下午二時竄入魯臨沂境至西朱蒼合爲一股，不過二百餘人，四時半抵臨沂城東五六十里王莊楊胡板泉崖一帶，仍繼續東北竄，五時半在板泉崖北土龍頭山子經聯莊會痛剿，斃匪八九人，韓復榘當令展師曹師康團谷師及馬師一旅到板泉崖四圍包剿，傍晚展谷兩師到土龍頭，正與匪激戰中，又在安邱琪山所，匪二百九十餘，均立地正法，其中年齡十五歲以下者李玉成等十八人，均解濟訊問，皆係察熱及東北各省人被劉匪綁擄者，韓給每人十元，分別送其回籍。

（本社二十一日徐州專電）轟炸機第一隊長邢劃非二十一日晨駕飛機一架返南昌，留徐三機俟肅清劉匪後南旋。

（說明）此項新聞同爲『劉匪……』事件，而其新聞來源則有徐州濟南等地，故把他綜合在一起，卽所謂綜合編輯法也。

所謂分類編輯法者，乃不以事件爲單位，而以地方爲單位者，不問其性質之如何。如汪精衞由南京來滬，在南京之訪員拍電至報館，而在本埠之訪員亦探得汪精衞來滬之消息，因此如採用分類編輯法者，則同一事件之新聞，截然分爲二條矣。在外埠新聞版中有汪精衞來滬之新聞，而在本埠新聞版中亦有汪氏來滬之新聞。因此就發生了重複的毛病。吾國新聞紙在以前類多採用分類編輯法，因此重複之新聞時常發現。近則如時事新報晨報等則皆採用綜合編輯法矣。

D. 編輯方針之確定

欲造成一種好報紙，須確定一種編輯方針，編輯方針之確定，猶軍隊作戰時之一種策略，猶輪船遠涉重洋之應有指南針，關係極鉅。

有了編輯方針以後，一切編輯新聞之取材，可依此方針而進行。一個報紙之特色，就在看其編輯方針之如何而定。如吾國上海之新聞報，他的編輯方針，就在於着重經濟新聞，而時事新報則其編輯方針着重於教育方面，故新聞報之讀者以商界爲多，而時事新報之讀者則以教育界方面爲多也。

總之編輯方針乃火車之軌道，而一個報紙則猶如火車，火車之行駛未有不緣於軌道者也。

三　校對

新聞紙的生產過程的第三個步驟就是校對。

編輯的工作完成以後，由排字房排稿送入校對員之手。校對分爲二步：（A）曰初校，（B）曰覆校，初校者乃將小樣（小樣爲已經鉛字排成者）校正其錯字，及一切其他錯誤。覆校者乃將大樣（大樣爲已拼成版式者）重復覆校一過，在此時之校對工作，較初校時爲重要，須兼顧版式之美觀等等問題，不特于校正誤植也。

校對工作之重要，亦不亞於編輯，在日本的報館組織，校對部隸屬於編輯部，其權限甚大，非但校正誤植，且可修改不注意的字句，及涉及抵觸刑事問題而招不測之禍的一切文字。

四　印刷

新聞紙的生產過程的第四個步驟，就是印刷。

印刷可以分爲幾個次序來說明：（一）是先經拾字，將稿中的字拾完以後，送到排字方面，照原稿的次序，排成小樣後送往校對員校正。（二）由校對員校正後再由排字人將校正之錯誤改正，然後再拼成版子，打成大樣，送往校對員處覆校。（三）覆校後，復由排字人改正後，卽打成紙版 Matsix 。（四）打成紙版後，復澆成鉛板。（五）然後將此鉛板放於印刷機上，就可印刷了。

五　發行

新聞紙之發行甚爲重要，一個報館的發達與否，發行之善惡亦可決定。近來歐美各國對於發行之競爭甚烈，吾國近年來對於發行的競爭也有相當的注意了。在上海的各大報中競爭最烈者，首推後起之秀的晨報，創辦不滿二年，已有四萬讀者，可與時事新報並駕齊驅。晨報之發行方法，雇有自由車數十輛在本埠方面，分區遞送，迅速爲各報之冠，讀者稱便焉。且在外埠方面亦較他報迅速。近又有所謂晨報讀者會之創立，無非爲發行打出路也。

新聞紙之發行與交通設施，教育狀況亦有巨大關係，歐美各國交通便利，教育發達，新聞紙之發行自較便利多多。故可日銷二三百萬份者實非無因。返觀吾國，以銷數最發達之上海新聞報而言，日銷亦不過十萬左右，相去眞不可以道里計，蓋吾國交通阻塞，文盲遍社會，其發行自較困難也。

第四章　新聞機關——通訊社

一　通訊社之組織

關於一個新聞紙的成長，除了他自身的發展以外，是還需要著其他的幫助，才能成爲一種獨立的有生命的東西。這幫助就是通訊社。通信的功能，是在受了報社的托付，代報社去蒐集新聞紙的一切所需要的材料而供給於報社之一種特別組織。本來報社的本身的職能，是在對每件事情都用人去蒐集材料或搜覓一切報紙所需要的東西，但是，因爲材料的種類的關係，或者是太專門化了。而且更有一種材料是在報社方面無法搜覓到的，以此，報社就把這種職任委托於通訊社之手。我們在每天的各種不同的新聞紙上能看到同樣的紀事，這紀事就是通訊社來的了。日本人稱他爲『通訊的記事』。

在我們中國，報紙的成長可以說完全是由通訊社扶殖的，換句話說，現在的中國的報紙完全是用通訊社之通訊稿而編輯成的。就以上海一地而論，通訊社林立，最多時達六七十家，每家報社都是在靠着通訊社的通訊稿編輯報紙、雖然他們是也設立着所謂採訪部等每天派有記者在外面搜集着新聞的材料，但這只是限於共公的集會，（如開市民大會，國貨展覽會及各種典禮等）及一些突發事件，而爲通訊社所來不及去採訪的時候。中國的新聞事業，所以不會發達，這也是一個大原因。通訊社雖然可以幫助報社的發展，但報社卻不能完全去靠着通訊社去發展，因爲每一個通訊社的設立，都有他的背景和作用，你如果完全依賴了通訊社，就會受他的束縛。何況中國目前所有的一切通訊社大都是不十分健全的。在歐美各國的報社，對於無論那一件新聞，見了通訊社的通訊稿而原本採用的，只限於極小的小新聞，其餘的，大都是報社依據了通訊稿去更進一步的去探查其新聞的原原本本，然後再依了新得的材料再改作通信稿的全文，或一部分，這樣才登載於報紙上。

通訊社與報社是有密切關係，通訊社之能發達須有賴於報社，而報社之發達，亦須有賴於通訊社，因此二者須互通聲氣。在中國的通訊社與報社，大都是不通聲氣的，在通訊社方面只要每天發了稿以後就算盡了他的責任，而報社則除編輯通訊稿而外，別無他事，你行你道，我行我素，各不相關。因此通訊社無法向上發展，而報社也聯帶的受了影響。在歐美以及日本等國，通訊社和報社是常相聯繫的，在報社方面是定了一個方針給通訊社遵守，就是委托事務的一半交與通訊社，關於何種材料須仰供於通訊社，何種材料則由報社各自蒐集，這樣，通訊社也就有了努力的線路，而可以盡力為報社服務了。這樣就可以促進通訊社之健全和發達，而更可以幫助報社之發展了。

現在把歐美新聞界委托通訊社的與報社自身的區別列下：

通訊社的	報社自身的
（1）各社共通的	（1）一社單獨的
（2）純客觀的	（2）加了主觀的客觀
（3）全國的	（3）地方的
（4）正面的	（4）側面的

(5)定期的　　(5)突發的

(6)全體的　　(6)部分的

(7)露出的　　(7)心理的

(8)事實的　　(8)興味的報道

再具體的說：遠方的消息是他的（指通訊社），近方的消息是我的（指報社），共同的會見談是他的，單獨的會見談是我的，廣的是他的，深的是我的，演說聲明與其他的發表是他的，批評解釋影響的測斷是我的，行市行情統計是他的，而預想觀察，强弱觀是我的，競技的經過，及 Record square是他的，成績的批評是我的。

二　各國之通訊社

現在世界各國的通訊社，照目前的傾向分別起來大約有二種：（一）即是專門的通訊社，這種通訊社之蒐集材料是帶有專門性的，如我國上海之新聲通訊社，專供給一般的政治新聞，上海通訊社專供給一般的教育新聞等。（二）即是國際通訊社；他是專門供給一般國際的新聞以及海外各國的重要新聞。這種通訊社在我中國還是沒有，（只有一個國民新聞社，但是和美國合辦的，不能算是中國的）在外國就很多了，著名的如英之路透社（Reuter's Limitid）法之哈互斯（L'Agenee Havas）美之聯合（A.P.）蘇聯之塔斯社（T.A.S.S.）日本之聯合及電通，德國之（Wolff），意大利之（Stefani）比利時的（Belga）西班牙的（Fapra）等，此外小如瑞典，挪威，丹麥等也有的。

這些通訊社從事於這樣的國際報道，各社先有各自的領土，或稱爲『繩張』。例如路透社爲其英國及其殖民地與其他聯合社爲美國夏威夷菲列濱等。哈瓦斯爲法國及法領殖民地。各於其領土內設置支局或通訊員，報道每日的事故於本社，及分送到領土內的特約報社，及同盟通訊社。如路透倫敦本社一旦集了從各處通訊員打來的電的報道，即供給於倫敦及地方與殖民的英國通訊社，同時於倫敦的本社內有哈瓦斯及其他同盟通訊社的支局，他們於時時刻刻集來的路透電報內，以各自本國有興味的事件即刻打電到各自的本社去。這種組織，在紐約的聯合通訊社也是同樣的。同社內有路透的支局，由A.P.的手蒐集來的美國事故，由路透的支局員向倫敦本社報道。巴黎和莫斯科也是同樣的。在巴黎的哈瓦斯本社內有路透的支局，也有A.P.的支局。不但是這樣交換通訊，且約定不得互相侵入領士。卽絕對不供給美的新聞紙由路透來的直接電報。而聯合通訊社也不與路透『繩張』內的報社通訊，取這種聯絡的通訊社，總計三十八社，這通信聯合網之中，聯合了全世界的六十餘國。

以下對於世界的有名通訊社加以概略的敘述。

（1）路透社 Reuter's Limited

在倫敦有本社的路透社是德人 Toulins Reuter，於一八一五年福蘭克王國時代的有名的謝拜爾開始商業通訊；現在純然是一個英國的組織了。路透社初創通訊社於大陸，因大陸對新聞通訊事業有政治的壓迫，故移本社於英京倫敦，初於倫敦時，以通訊匯兌及公債行市爲主要任務，但通訊其中關於行市影響很大的政治的報道與銀行公司等，更進一步供給與新聞社。可是外國人創的新事業要能在英國得到一些努力，似乎是非常吃力的，路透最苦心的即此一點。但是很幸氣的，英國人對其機敏的報道，漸有些信仰，似承認有路透的存在。尤其如發表一八五七拿破崙三世與奧國大使的勅語，實使美人驚倒一世。次年法奧二國因意大利問題而開戰時，漸到路透的活躍之秋了。這次戰爭自奧國侵入意大利至法國保護意大利戰爭僅二月終結，路透依電報而做的軍事通訊，實是通訊事業開始以來初始的，於這次的戰爭的報道，路透社的通訊員從事於奧軍，法軍，意軍，巧妙地利用電報線傳書鴿而活動。大陸是不用說了，即英國的諸新聞紙也很歡迎路透的戰報。此後不久美國南北戰爭開始，其時橫斷於大西洋的海底電線一時不通，所以英美間的通訊，除全部依郵政船外別無他法。其時路透社將在紐約搜集的報道密封於罐中，而托郵政船及至近Ieeland時，路透社派高速度小汽船去取領寄給路透的郵政物，卽刻將此至附近海岸打電至陸地，頗予人以滿足，故屢傳驚異的功名。更有在普法戰爭時，路透的設備也很大的，益博世間的信用了。如一八七〇年九月一日的色當Sedan之戰，不利及拿破崙三世於降伏普魯士國王威廉第一世事件的第一報，這是於色當由俾士麥口中洩露出於路透的從軍記者的。再如一八七八俄土戰爭終了，於聖斯忒法（San stefano）簽訂俄土媾和條約，未經二國全權簽字中而路透已發表了。路透的事業與英帝國主義的發展同時逐漸的發展，日後漸從英本國及殖民地而伸手到東亞方面來了。

創立者的路透，一八九九死後，由生在英國的受英國教育的他的兒子 Habert Reuter 繼續努力。於過去的四十年間，為路透的經理而任經營的實務，但他因一九一五年悲夫人之死而自殺。第二代的路透，是有深長趣味於文學音樂的青年，對祖父的業通訊事業，未覺興，且味幾乎不管。其時歐戰勃發，自己因志願而出征，不久得名譽的戰死。第三代的路透死後，同社由Sir Roderic Jones 氏經營，此人於戰爭中入英國政府的情報部，因功而賜 Sir. 的稱號。現在還繼續是該社的社長。其他，路透於英國殖民地是不用說了，卽於世界的主要國內均設有支局，各有總支配人。路透社是一種國際的通訊社，專當海外通訊的事，國內的 News 均受同盟通訊社的 Express Acsociation的供給。

（2）The Press Association

這社是英國的地方新聞的股東的股份組織。可譯做『新聞協會』，歐美的 Association 幾用與通訊社同意義的。為這社的股東的地方新聞社有一百三十餘社，創立於一八一七年，適當英國的電報事業歸國有的一年。在國有以前，私立的電報公司有情報部，（Intelligence Department）蒐集中央的News而供給於地方新聞，但電報事業，移交政府之手後，政府對於上面的事，感覺無味，所以組織地方新聞Press Association。英國內地的News，不分中央及地方，一切完全由該社蒐集。英國殖民地及諸外國的News受路透社的供給。該社於倫敦設有本社，于Manchester, Leeds, Glasgow, Briston, Belfast, Birmingham, Dublin等處設有支局，由此分發通訊與附近的都市。該社的專有線約六千哩，每天用七萬五千言，多的日子，供給九萬言的通信與地方新聞，其送信用柯拉因修密脫式自動鑽空機打鍵盤於tip即有空，將tip放置送信機上，即可高速度地送發。受信者的地方新聞，用柯李脫式自動受信機取受。

這通訊社於一九二五買收了路透的股份的過半而握該社的實權，二社的事務的聯絡上是非常的密切的。

（3）其他英國的通信社

在倫敦除上述通信社外，尚有 The Exchange Telegraph Company ，這是如其名所示，專以通信交易的行市的。創立於一八七二年，而今日也從事於一般的 News 了。但該社的特徵，仍為關於行市與運動的報道，國際的則與美之合同通信社，及法的 Redin 通信社提攜。

在倫敦還有其他的通信社，其中以 The Central News, Limited 較大，其從事於國內外一切的 News ，它的特徵是在於攝影通信。

（4）L'Agenee Havas 通信社（哈瓦斯）

一八三五，巴黎的商人 Charles Havas 於巴黎之羅梭街，譯英，德，西，意，俄，等新聞紙，起初分佈於新聞社及大使館，這是現在的哈瓦斯通信社的前身，但當時法國的新聞紙對於外國事故不十分深的注意，所以哈瓦斯的計劃的預期而未成功，但一八四〇年以後，從巴黎與倫敦及 Brussels 間使用傳書鴿開始通信時才萌芽。倫敦與巴黎間傳書鴿需六小時，但於海底線無線電線都沒有的，當時，這種新的通信方法，是引起社會的大注目。此後鐵路電報均普及了，同時通信社的事業也大擴張了。一八五〇年他的兒子 Auguste Havas 繼乃父的事業，其事業方始日見發展。哈瓦斯社得一躍而大發展的時候要算是一八五六年的事，當時法國地方新聞的廣告幾全部屬於「漂流」廣告社代辦的，（Bullier是在巴黎廣告代理社的元祖），其有名的地方新聞紙給比較的不十分貴的通信費，哈瓦斯社是從事於海外通信及內地通信，嗣後哈瓦斯與「漂流」立了一個合併的計劃，與約二百家新聞紙提出由哈瓦斯給不要代價的通信，而新聞紙方面於第三面及第四面登載若干行無代價的廣告。（此即用廣告給通信費的組織）。幸此種方法新聞社歡迎的。哈瓦斯與漂流合併，於羅馬，Madrid，（西班牙的京城）Brussels，（比利時的京城）設置支局，與英之路透，德Wo-lfs結連。其後於一八七三年Loubert襲Auguste Havas之後，而大事業的改革擴張，社也逐次向隆盛的路走去。地方新聞的開始鉛版通信就始於此時。該社於一八七九年由Baron D'Erla-nger男爵收買，同年七月十七日，成了八百五十萬法郎資本的股份公司，其後次第增資，現在擁有二千七百七十五萬法郎的大資本的大公司了。

在哈瓦斯之外，在法國尚有 Agence Radio 及 L'Agence Fournier 等通信社。

（5）T.A.S.S.（塔斯社）

在革命前的俄國，有個電報通信社，這是全國的最大的通信社，其電報略號爲（通報者之意）是大家知道的。但一九一七年十一月，蘇維埃政府的成立，同時亦被閉鎖。現在存在於同國的蘇維埃聯邦電報通信社，原話 Telegrasnoe Agentstvo Sojuza Sovetskis Socialistik Respublik。俄國有不足珍奇的長長的文字的，因取字的頭一個字，故稱爲（Tass）塔斯。俄國現在由幾個社會主義共和國的聯邦組織的，於聯邦的共和國各有通信社，如歐洲俄國的羅斯太 Rosta 卽其一例。這些共和國的通信社，均爲國內的機關，代表蘇維埃聯邦全體對外的通信社，惟塔斯一個，塔斯的任務，派遣通信員於海外諸國，搜集世界的News，再供給於國內諸通信社，該社的通信員在我們中國也派有的。但國內的 News 關於蘇維埃聯邦全體的，仍是塔斯辦理的。再屬於聯邦的共和國的通信社互相交換 News 也須經過塔斯的手裏。當然的，從塔斯到其他各共和國的通信社，全部是官辦的，而不許此外的通信社存在。目下該社的最高幹部在那裏支配事業的是叫 Jacob S. Doletzky.。

（6）德國的通信社

德國的通信社中最大的是 Wolffs Telegraphisches Buro.。這是股份的組織，不一定是政府的機關，但一般均認爲與政府有密切的關係的。

更有一個，牠的名字卽 Transocean Geseslschaft，近來看不見了，當歐戰中很多奈因(Naben)電報，發現於那時日本及吾們中國的新聞紙上的卽此，這通信社與政府有特別的關係，以宣傳德國的 News 於海外諸國爲目的，不供給 News 與自國內的新聞紙的。通信是由奈因的無線電報放送到全世界。但今日世界的一等國的新聞紙，一般都不揭載這些宣傳用的 News 了。所以這通信社不論在歐洲美國日本以及吾們中國都不看見了，僅於南美諸國及荷領印度的若干新聞紙揭載吧了。

(7) The Association Press 聯合通信社(美國)

英之路透，法之哈瓦斯是股份組織的營利通信社；但這社的組織是完全相異的，是會員組織而爲非營利的通信社。名字就是 Association Prss 卽所謂 A.P.。這社共同聯合了美國的有力的新聞社，在會員組織之下互相的蒐集材料交換新聞記事，故其費用由各新聞社適當地分擔其應分的。大的社一星期七八百美金，而二三十美國不支的小的地方新聞也有的。在一條街上發生了什麼事故，則在這街上的加盟新聞社有報告這事件於聯合通信社的義務，而聯合通信社也必傳達於各地的加盟新聞社，因加盟該社的新聞社約有一千個支局於全美國，故可得同一的結果。因爲是這樣經濟的通信的組織，所以加盟於此新聞社有極大的利益的。但新欲加盟的事，須經董事會議協議再經希望加入者同地方的加盟新聞社的承諾，因這種手續非常痳煩，所以加盟頗非易事。如 New York Sun 屢次申請加盟，但總被 World 社主的先考 Pulizter 的反對而不得加入。不得已，自己組織拉芬（Lafan）通信社以對抗之。右舉的 Pulizter 死後才承認其加盟，這是有名的故事。新聞社重視加盟到這樣地步，因此評價 Pulizter 死後的遺產，徑當時評價委員的估計受了聯合通信的通信的權利的價値約二百萬美金。但此權利不能賣買讓渡，故無市價的，不過是一個估計而已。

聯合通信社的組織，遠當一八四八年。聯合了紐約的六七家日刊新聞社，利用從那時初發生的馬爾斯敎授發明的電報機爲發源，此後有二三次稱爲『聯合通信社』，到了一八九二年十二月才正式創立。一八九八年依紐約的法律而重復組織，卽今之聯合通信社。在 Irenoise 創造的時候，各社切望總經理 Melville E. Sto.ie 氏，出任艱巨，他在那時提出了就職的條件：

一 通信由加盟新聞社的共同合作而蒐集之，因此會員間互相交換，但加盟新聞社應各盡各自的責任。

二 加盟新聞社對通信可自由地加以批評。

三 A. P. 是加盟新聞社的共有物，各加盟者須明瞭地自覺。

四 經營一切公開的事業，執行上不得祕密。

五 其統制及經營應民主的。

這是A.P.的指導精神，在當時及現在加盟新聞社仍遵奉着的。聯合通信的强調的理想，卽由移通信事業由寡頭政治到共和政體，卽與在A.P.創立前的有非常勢力的私營的通信社作戰，依新聞的共同經營而確立國民的通信社這是他的理想。這些私營的通信社到一八九七年四月八日一個個都被征服完了。聯合通信社於同日一舉有二三百的新聞社加入爲會員。這一天是

A.P.的歷史上特筆大書的一天。此後會員漸此增加，現在已有約一千三百的會員的新聞社了。這社在法律上是「會員組織的組合」，(Membership Corporation)，在日本是沒有這種例子的組織（我們中國更夠不上資格了，現在——註）。會員大部份是代表合衆國的新聞社，但近年來南美諸國的新聞社也加入了。會員的新聞社各有一票的選舉權，而互選若干董事，由董事再互選會長。會長與董事服務於立法部，他如行政部有總經理，以下有副經理，電報部長，通信部長，及於各地有監督，嚴重地定了種種職制，是一個不能任少數野心家自由的組織。該社一年的經營預算約及一千萬美金。不祇於美國內地，卽海外諸國亦設有支局，使用着十萬哩的專用電線。

執勞三十餘年的總經理 Stone 氏，因年老之故，於先時引退而為顧問。現在總經理為 Kent Cooper氏。

(8)The United Prees Association 合同通信社

這通信社於一九〇七年六月二十一日由 E.W. Scripps 創立的，(United Prees 略稱為 U.P.)，是由紐約的 (The Scripps-Mcrac News Association)和S. Francisco的 The Scripps News Association 三個通信社合併起來的。

合同通信社是股份組織的營利的社信社，於國內有專用線，海外有支局等機關，供給通信的新聞社數也很多，同樣有不侮的勢力，為聯合通信社的唯一競爭者。為 A.P.的會員的新聞社，也多併入於 U.P.的通信社裏，所以該社的通信供給了一千以上的新聞社。與海外通信社有聯盟關係的如英之 Exchange加拿大的 British United Prees和法國的 Radio日本的電報通信社等。

這社的特色是股份的，大部份是屬於服務於該社的社員的，在目前以職員爲股東的公司是很多的。但這不過是所有股份的總股份數的一小部分而已，如U.P.的大部分歸社員所有，確是比較不同一點。

（9）新聞聯合社（日本）

新聞聯合社，與美國的聯合通信社的組織一樣的，由「東京朝日」「東京日日」「時時」「中外商業」「國民」「報知」「大阪朝日」「大阪每日」等八社聯合起來的，創立於大正十五年（民國十五年）四月。日本從前由美國聯合通信的特派員 John Russell Kennedy 氏於大正二年創立的國際通信社，也已經加入了國際通信聯盟中的，但自新聞聯合社成立後，乃繼承此東方的國際通訊社的全部事業而担當起國際通信的任務。

該社的特長：

〔一〕爲新聞社而蒐集頒佈正確的 News 之外，別無其他的營業目的。

〔二〕社員的新聞社，不單接受聯合社的 News，且於一定的條件下負有供給同社所在地的 News 於聯合社的義務。

〔三〕其結果，聯合社從事於加盟新聞社間的 News 交換所的職務，於此做一個大的 News 接待所。

〔四〕用這個 News 接待所與外國的通信社的 News 接待所行 News 的國際交換。

其組織是全然與聯合通信社相同。

加盟的八個通信社各舉出一個理事組織理事會，從這理事會再選任一個專務理事，委托彼振興業務的執行。但現在，更由全國加盟了五十餘個地方新聞社。因此聯合通信社漸成全國的新聞組合，同時理事數也增加。

現在的事務理事是國際通信社繼續下來的岩永裕谷氏。

(10)日本電報通信社

日本電報通信社在目前也是可以算得上世界通信社之一。該社是創立於明治三十四年七月一日，最初，電報通信社及日本廣告股份公司是兩個機關，於明治三十九年(一九〇六年)十二月才合併爲一，而成爲今之股份公司日本電報通信。今略稱爲「電通」。光永星郎氏是創立者也是現任的社長。

美國的合同通信社的創立大略與電報通信社同時的，而兩社的提攜互助也幾乎是在創立的時候就開始的了。「合同」事供給歐美的 News 與電通，而電通供給中國日本及其他東洋方面新聞與「合同」，兩者的關係日加密切。在美國 U.P.與 A.P.對立似的，在日本「電通」與「新聞聯合社」對立，造成通信界的二潮流。

在日本通信事業，最初有一羣小通信社爭立的現象，但其中「電通」是出人頭地，比較規模是最大的。今日在內地及殖民地設有二十四個支局，在海外有十一個支局，在日本全國的新聞紙不受該社的通信者僅寥寥幾家。

該社大正十二年於東京福岡間完成八百哩的私有專用電話線，昭和三年於社內設備了照片電送，這是二大事業。電送照相於「朝日」「每日」的二新聞社內同時也設備了，但於通信社內設備，不但是日本卽歐美也幾乎是少見的。

第五章　國際新聞紙概述

一　英國

英國的新聞完全是屬於政黨的，所以看各個新聞的言論，先有知道該新聞屬於什麼政派，從什麼立場上來立論的必要。英國新聞雖也大部份置於若干企業家支配之下，但並不像日本一樣，一個新聞社同時發行朝刊、夕刊、禮拜刊、許多的新聞，英國完全是個別發行的。

現在先觀察朝刊新聞，其銷數在倫敦有二十萬份，在全國有五十萬份，以上者，主要有下面數種：

（一）有力新聞：所謂有力新聞者，即社評、論說、及記載等。在國內把握住極大的勢力與權威，而與其他普通新聞區別的名詞。屬於這類的有(The Times Morning Post Daily Telegraph Manchester Guardian) 等。但因爲記事過於高級的專門化的，所以發行數，祇在十萬乃至三十萬之間。

（二）通俗新聞 (Popuar Papers)：普通是用淡紅紙印刷的，記事着重興味而有軟性的態度，凡是衝動社會各階層的社會新聞，都登載得入細入微並且以保險制度懸賞附錄等去把握讀者而增加其銷數。故每日銷數都百萬份至二百萬份以上，屬於這部類的有 News Chronicle Daily Herald Daily Express 等。

（三）圖畫新聞：雖也有記事，而以照片爲主，裝訂大概都是八開紙，而與普通的 Tabcoid Paper 一樣的，大祇屬於這部類的有 Daily Mirror Deaily Sketch 等，發行份類百萬份以上。

（四）經濟新聞：屬於這部份的有：Financial News Financial Times 等，因爲都是專門的記載，銷數在五萬份以下。

以下更把各新聞作個別的加以觀察。

London Times 這是世界大新聞之一，誰也沒有異議的，而大新聞並不因爲發行銷數之多，却基於這新聞所有勢力與權威。

該報，創刊於一七八五年，而首創者爲約翰烏奥爾特氏，除世界大戰前後有一時期落於諾斯克里夫卿之手外，素來都屬烏奥特爾家族的。戰後曾得阿士特家族的財政的援助，其力量益大，然編輯常是獨立獨步，現在在名主筆杜遜氏（G Dawsson）堅實指導之下，更現出泰晤士史上最光輝的時代。

泰晤士原來是保守黨系的新聞，可是最近來常取支配政府的方針，其論說也很能代表政府的意見，記事正確而且豐富，尤是外電之精彩斷不許其他各報之追隨，然而惟其要使言論消息期圖非常的公正，確實，因此其記事發表之時間，不能不較爲遲緩，所以毫無愧色的登載「明日黃花」的新聞是倫敦泰晤士報的拿手好戲。

發行數約十八萬。

Morning post 三十年以前，新聞以富豪政治家中階級爲對象。現在要找尋這種新聞最適當的怕是 Morning post 了。

該報創刊於一七七二年，比泰晤士報還要早，然而編輯技術是比不上泰晤士的，又因其保守黨（尤其保守黨中之頑固派）的機關報，所以該黨關於政治政黨印度問題軍事等的意見，都在該報發表，又讀者俱爲上層階級，故社交界的記事也特別的多。

主筆爲 H.A. Gwyune 氏，是一個六旬以上年紀的報界老前輩，曾多年爲泰晤士報及路透軍事與海外通訊員而活躍，對於遠東事情瞭如指掌，並且是一個親日家，筆力雄偉明快，所以他的論說常得一般人士的愛誦。

Daily Telegraph 現在若在英國『最新聞化的新聞』，怕有很多人要提出 Telegraph 來，新聞記事簡潔，而且迅速，編輯技術能惹起一般讀者的興味，滿紙活氣，尤以外交與海軍記事，非常放着異彩，海軍記事 H. Bywater是一個了不起的人物，政治上是屬於保守黨系的，而報 Sunday Times Sunday Graphic畫報 Sunday Sketch 經濟新聞 Financial Times 等，俱是屬於白利系(Berry Oroup)的白利系是 Sir William 兄弟等組織而成支配着全英國多數新聞的有名新聞王國之一。

Manchesten Guardian　因爲在 Manchesten 發行不免有些地方的色彩，而編輯技術和態度之大方，比起倫敦各大報，決不多讓。名主筆斯哥特瓦(Scott)死後，一般預料其會日趨衰落，但現在還是英國最理想的新聞。

該刊創刊於一八二一年，爲斯哥特家族所有。自由黨之機關報，現在英國自由黨系的新聞，自滿州事變以來，有反日之傾向，故斯報也不能例外，記事大體明確，尤以關於棉業新聞很放異彩，發行數不明，約十五萬份以下。

News Chronicle　自由黨的機關報，自由黨現在爲保守黨勞動黨所挾緊，所以自由黨的新聞也逐漸有日落蕭條之感。初名

Daily News，後改了兩次名，到一九三〇年與 News Chronicle 合併以後，纔有現在的名稱。其最後合併的原因，是遭受勞動機關報 Daily Herlad 之壓迫，同樣 Chronicle 的姊妹報 Sunday News，也爲 Heralad 的姊妹報 The peopee 所壓迫而歸併於 Semy Graphic。

斯報爲自由黨 Saonuel 派的機關報，珈琲和朱古津大王加特比里雖投了不少資本，而實權則在烏奥爾特李頓卿的手上。李頓除了主持該報之外，還主持 E. Conomist 及其他雜誌。

政治及外交記者是著名的 A. B. Cumming，和擔當英吉利無線電故送局外交問題解說的 Vernon Barttett 等，都是一代的名記者，其政治外交記事，非常精彩。

其姊妹報是夕刊 Star。

Daily Mail 故新聞王諾斯通理夫創刊於一八六九年，是通俗報紙的白眉，現在在其弟羅美亞卿支配下。其姊妹報則有 Evening News Sunday Dispatch 等，除此以外，在羅氏支配下的有畫報 Daily mirror Sunday Pictorial 及其地方報二十個左右。此報原來是屬於保守黨系的，但最近與其他各傍系報紙鼓吹法西斯主義運動，記事平凡而有趣味，態度親日。

Daily Herald 勞動黨機關報，創刊於一九一二年，最初的主筆是現在的勞動黨黨首 C. Lamsberg 氏，然而現在的大發展是一九三〇移爲 W T Bodhams 所經營，但政治的支配權爲勞動組合會議所保持。當時奧特姆斯氏祇經營星期新聞 The people，在新聞界並無什麽名氣，但經營此報以後，不過三數年間，從銷數二十五萬份增加到二百萬份以上，惹起新聞界上的大波紋。

此報爲勞動黨機關報中最反日的，同時是通俗新聞中的最有活氣的。軟性的社會新聞雖多而特別新聞也不少，更常發表國內著名學者的文章，所以在學生層，持有相當的勢力，姊妹報 The People 有三萬份以上的發行記錄，現在計劃 Evening Herald 爲英國新興報紙的一大勢力。

Daily Express 同時屬於英國自由貿易主義者比瓦堡卿的支配之下，他原來是加拿大人，後爲保守黨議員，在戰後便入新聞界而致有現在堅固的位置，以前爲發起反對羅迦諾條約運動而得 Isolationist 的芳名。

此報近來因英日市場之競爭，便開始其反日傾向；而在通俗新聞之中，特別多社會新聞，同時處處都充滿新聞的精神，發行數在以前曾達二百五十萬份以上，現在則降至百八十萬以下。

Financial News 與 Aconomist 屬於同一的經營組織之下，因爲是經濟新聞，所以政治的色彩少。主筆是著名的經濟學者 R Hobson 氏，所以其論說對於金融通貨問題相當重視。

Financial Times 與 Daily Telegsaph 亦屬於同一資本組織之下，經濟資料相當豐富，發行數約三萬或五萬之間。

倫敦的晚報是 Evening News, Evening Tandard 和 Star 三個，午前十時出體育版，正午晝食版，午後再有一二次，黃昏則爲家庭版，每日出版四五回，競爭頗烈。

俱以興味爲主，短篇小說相當有力，Evening News 是 Daily Mail 的姊妹報。

Evening Standard 是 Daily Express 的姊妹晚報中最受智識界歡迎的，尤其對于時事漫畫是很有名的。

Star 是 News Chronicle 的姊妹報。

星期報中最有權威的是 The observer 和 Sunday Times，其他的銷數雖多，但都是興味的通俗新聞。

Sunday Times 創刊一七九一年，現在在亞斯特卿支配之下，主筆是英國新聞界的白眉氏，氏爲保守黨無冠的黨首。

The Observer 與 Sunday Times 具有同樣威嚴，而新聞記事，比前者還多。

週刊雜誌之中，言論界重視的，有保守黨系的 Economist，自由黨系的 The news Statesmand Nation Athenalum Weck End Riview 合併而成，其內容決不劣於前者州。

經濟雜誌仍然置於 The Sgectaion，主筆是自由黨的烏奧爾特李頓卿，最近有論及政問題的傾向。

二　美國

美國的新聞紙在十九世紀後半期逐漸採取財政——工業的企業形式，及至進入財政資本時期，又把此種形式加以澈底的完成。美國的新聞紙和外交界，國務院，銀行托拉斯，交易所等，均有密切的聯繫；同時新聞紙本身也託拉斯化了。例如美國的 Association Press，就是美國的最大新聞紙託拉斯，其規模之大，是世人所週知的。隸屬於 Herst 出版託披斯之下的「美洲紐約」，每逢星期日出版一百二十萬份，隸屬於 Heret 出版託拉之下面的「國民晚報」，其銷數每日甚至有二百五十萬份以上，其他如「紐約時報」，其銷售的數目也與前者相埒，而且每種新聞紙每份的張數，多至三十二至九十六張，每逢星期日，每份新聞紙甚至多達一百五十張者亦有之。有幾種新聞紙則每日出版五次，我們可以說資產階級新聞報傳播得最廣泛的，莫美國首屈一指，美國差不多有二萬多種刊物，總數達二萬二千萬份以上，其中日報佔二千四百種，份數有三千三百萬份

我們上面所舉的是美國資產階級的新聞紙，但此外美國還有社會主義的左傾的新聞紙，我們在這裏略加申述：

美國社會主義及勞工的新聞紙，在起初時是和歐文主義者傅立葉主義者伊加里派的社會經驗，及從歐洲向美洲移民的工人相聯繫的。在三十年代的時候，歐文主義者出版一種新聞紙

，叫做 Working mans Advocate，及至四十年代傅立葉主義者乂出版一種新聞紙，叫做 Phalan。一八五〇年味特林格得德國僑民的幫助，在美國出一種新聞紙叫做 Rep blic der Arbeiter，僑民創辦的新聞紙，特別德國僑民創辦的新聞紙，在美國的社會主義及勞工刊物的歷史上繼續前進，而且起着很大的作用，因此在一八七三年第一國際最高委員會，就移到紐約出 Arbeiterzeitung，成爲德國國際主義的主義者在紐約的機關報。至於同前在美國的共產刊物也有二十多種，其中有十種是日報，此外還有用各種文字出版的週刊。美國共產黨的中央機關報是Daily Worker 用英文在紐約出版，其他的刊物有用荷蘭文，匈牙利文，烏克蘭文，立陶苑文，猶太文，希臘文，德文，捷克文，意大利文，波蘭文，亞洛名文，及俄文出版的。

三　法國

法國類似新聞紙的刊物，在一六三一年就已發現，但正式的日報，實發生於一七七七年。當時法國的政府，想用檢查監視及收買的方法，把此種製造輿論的有力武器，歸爲已有，溜多維克第十三，福里特利第二，就和新聞紙合作，索伯斯基以軍事通訊員的資格，參加新聞紙，但沒有收買成功，法國當時有許多刊物，也有受政府的津貼者。

一七八九年，法國革命的時候，法國定期的刊物，就已增到二百五十種之多。同時法國的報紙，從這個時期起，有五化八門的分化。拿破崙執政的時期，對新聞紙的檢查非常嚴格，把政治化的新聞紙，減少到最低限度。一八〇二年，法國雖有處置不良傾向法律之頒佈，但法國政治化的新聞紙，依然是人民對國家不滿的喇叭，法國政府對革命的新聞紙，認爲須經蓋章及繳納保證金，始可發行。但大資產階級的新聞紙，生長爲大金融企業了。現時資本主義已進入獨佔的階段，法國自然不能例外，法國的新聞紙，也只有日向托拉斯化的道路挺進。法國最大的新聞紙加特爾，是Koti，這個加特爾的規模很大，設備甚週，它底下附屬有好幾十家報館。法國最大的新聞紙是『小日報』，每日銷數達一百萬份，還有一種叫做『小巴黎』，每日的銷數甚至達到二百萬份以上。

現在將法國激烈的新聞紙述之如下：法國在三十年代以前，那裏激烈的報紙是帶有和平的烏託邦的傾向，而傅立葉派的刊物 Phralange 在二十年代就已發現，一八一四年，在法國創辦的Globe雜誌至一八三一年正式成為聖西蒙派的機關報。而純粹勞働者的新聞Sournolder Ouvriers及Artisun，一八三四年以後．法國新出的刊物如Literature Moriteur Republican Cleandeslin Intelligence l'Tribune Dureldule其言論尤為激烈，尤為革命化明顯地帶有共產主義的彩色。及至一九一〇年，法國各種各色的社會主義派別聯會組織正式的機關報，從一九二〇年的「人道報」就成為法國共產黨機關報了。Humitk Anite雖受法國政府多方面的壓迫，但他的讀者依然有加無已，根據一九三〇年的統計，每日的銷數已達三十餘萬份。在法國利洛出版的Enchanine每日的銷數，亦有二萬五千份。此外供給青年共產黨的讀物，有「進步報」，給婦女讀的——「Yverier」，給兵士讀的有——「Kazcrn」，此外還有用各國文字出版專門供給水兵和外國僑民讀的刊物。

四 德國

德國的新聞紙最新發生於一六六年，當出版的是市場年鑑，及半年鑑之類，隨着交通工具之發達，經常郵政之創立，以及太中心城市之增加，德國在十七世紀初期，才發現正式的日報。

現時德國的新聞紙，也如別的資本主義國家一樣是資本主義企業之一部份，而日趨於托拉斯化、獨佔化、集中化，德國最大的報紙托拉斯是Moce Olisten及Gogenbcr，德國最大的日報是『Frankfurter Zeitung』，每日出版五次，銷數在百萬份，而柏林晚報，時間甚至每隔兩小時出版一次。

德國資產階級的新聞紙，雖有這樣大的力量；但社會主義勞工的新聞紙，也有悠久歷史；而且他的勢力也未可厚非。由馬克斯主編的萊茵報，在一八四二——四三年就首先出現於德國，及至一八四八年，德國發生革命時，德國的革命的新聞紙直如雨後春筍。迨俾士麥執政時，頒布反對社會主義者的法律，才給社會主義新聞紙以嚴重的打擊。這個時期，從一八七八年起，一直延至一八九〇年。

現時世各國共界產黨刊物最有勢力的，除蘇聯之外，也以德國佔第一位。由盧森堡的及卜克內西一手創辦的『紅旗日報』，從一九一八年十一月起，正式成爲德國共產黨中央的機關報，這個報紙在柏林出版，他周圍有廣大的讀者，一日也可銷售一二十萬份。現時德國共產黨的刊物，一共有四十餘種，其中有三九種均係日報，雜誌亦有十餘種。日報中除『紅旗』之外，重要的尙有在埃辛出版的『漢堡日報』，『魯爾回聲報紙』，在加利出版的『Klassenkampb』，在興尼茨出版的純理論的雜誌有一種叫做『國際雜誌』，每兩星期出版一次；有一種專門討論共產黨政策問題的雜誌，叫做『公社雜誌』；有一種專門討論共產黨組織問題的雜誌，叫做黨的『工人』；有一種專門解析女工組織問題的，叫做『Kaempeer』；此種還有許多受德國共產黨直接影響的刊物，有國際工人救際會的少共的革命者協助會的工會反對派等報章和雜誌，一九三〇年初，德國有十三種報紙是失業工人的，有一種刊物叫做『蘇聯之友』，在德國也有相當的影響。

五 日本

日本的新聞歷史，以明治三年十二月橫濱發行的『橫濱每日新聞』爲境界，這以前爲日本新聞發展史的前史，以後則爲現代新聞時代。欲相互交換新聞，是人類共通的慾望，在日本德川時代，已經有以街頭巷尾的閒談爲主要題材的興味刊物流行，同時在另一方面官報和海外通訊也勃興了起來。德川末葉，荷蘭文化之東漸，與受着與南中國交通的影響，翻譯新聞和翻刻新聞，乃漸見隆盛。明治元年，是日本新聞史的前史，呈現着其最後活躍的年頭，卽佐幕派和薩長派據着各種言論機關，尤以前者隸屬有十多種的新聞，以明治二年發刊的『中外新聞』爲首，如『江湖新聞』，『遠東新聞』，『內外新聞』等，都是很值得注意的。然而日本新聞紙從明治三年的橫濱每日新聞成爲最初的日刊新聞而出現時，始卽進入了新聞史的後期了。明治五年時，有三種的現代新聞，在東京發刊，卽現在的『東京日日新聞』，『日新眞事誌』，和『郵便報知新聞』等。自此以後，卽至現代的日本新聞史，能夠劃出下面的幾個時代：卽政論新聞時代，恐佈新聞時代，政黨機關新聞時代，政黨新聞沒落時代，新聞營業化時代，和廣告中心時代。政論新聞時代的主要色彩，是以征韓論問題發端底急進派，和漸進派的對立，前者稱爲民權新聞，後者則是官權新聞。東京日日新聞可以代表後者，而郵便報知新聞和朝野新聞，則爲前者中之最出色的。明治五年的時代，各地簇生許多的新聞，響影民權新聞的論調，但是當着急進派正欲高據民權新聞，而大量發揮其政論時，政府便不能不在明治八年六月，頒布新聞條例十六條，並附頒分讒謗律四條，對於新聞界決然採彈壓的手段。知名記者投獄的事情，踵接而至；禁止發行與停版的條令續出，受其犧牲者不可勝記。及日本政黨運動機運濃厚的時候，新聞便完全帶上了政黨的色彩，如明治十五年東西（指關東關西）的大新聞，都分別地屬於帝政派，改進派，自由派，和中立派，眞的公論時代完全成爲歷史上的陳跡了。明治念年時的日本新聞，受着政界活潑的餘波，極度地政黨化，而營業爲本位的新聞，也在這時乘機活動，屬於一黨一派的大新聞，卽呈現衰微的徵兆，這是政黨新聞沒落的時期。日清戰爭以後的日本新聞，注其全力於營業方面，政論的色彩漸漸薄弱，卽各大新聞都以記事通俗化爲主旨，同時注重第三版新聞、（卽本埠新聞）

，努力採取迎合讀者心理態度，這時便開始了近代底營業新聞的第一步。日俄戰爭使日本新聞的社會地位，顯著提高，並以此爲機會，增加國際版的記事，通訊機關因而急激地完成。表示着企業時代之最高潮點的是廣告中心主義，從前以社會的木鐸自任的言論機關新聞，現在不能不順從了資本義商品生產之原則了，同時資本主義露骨地表露全國三四個大新聞的大資本化底制度，使全國中小新聞沒有存在之餘地，而把財源的重點，置於廣告之上，現在根據昭和二年的統計，便可知道全日本六大新聞的廣告，而怎樣地蠶蝕記事面了，記事對廣告的百分比如下：

	記事百分比	廣告百分比
東朝	四六・三一%	五三・六三%

東日	四六・一〇%	五三・八六%
時事	四九・七八%	五〇・一九%
報知	五一・五七%	四八・四〇%
國民	六三・二〇%	三六・七九%
大朝	四五・四九%	五四・四八%
大每	四五・二一%	五四・七六%

日本新聞社的組織，大體上都是共通的，現在拿其資本最雄厚的一間——大阪朝日新聞做例子，把牠分解如下：

總務局——

文書課　計劃部　出版部　航空部　社會事業團

編輯局

記事審查部　整理部　聯絡部　檢閱部　通訊部　外報

部　中國部　經濟部　社會部　調査部　運動部

營業局——

印刷局——

六　蘇聯

一般人認爲俄國的新聞紙，發軔於十八世紀初期，這是遠於事實的見解．根據蘇聯的歷史家的估計，一六二一年，在俄國出版的『鐘聲』，實爲俄國新聞紙之濫觴。然而是手抄的，一七○二年『莫斯科國家情報』，才用印刷的形式出版。『歐洲情根』創刊於一八○二年，爲俄國最新式雜誌化新聞紙之萌芽。俄國四十年代，最有勢力的雜誌是：『祖國劄記』及『現代之人』，前者有當時俄國著名批評家柏林斯基之參加，他是對俄國社會思想發展有偉大影響之巨人。後者是在俄國著名社會運動家赤洛尼舍天斯基領導之下進行其工作，成爲最有權威之機關報。俄國六十年代之『俄國言論』，也是當時很進步的刊物之一。

隨着俄國資本主義之發展，俄國的新聞也有蓬勃興起之趨勢，茲舉下列數字以證之：一八八三年，在俄國只有十種新聞紙；一八九八年，就增至一百二十三種；一九〇〇年，有一百二十五種；一九〇八年，忽增至八百種；一九一一年，又增至一千另七種；在一九一三年，俄國的新聞紙已有一千一百五十八種。這些新聞紙中値得稱述的，是『新時代』，（一八七六——一九一八）它是貴族地主的機關報，主編者是蘇瓦靈，其次要算立憲派出版的『言論報』，（一九〇八年——一九一八年）他是堅持大工業資產階級的利益的。在一九〇八年，俄國已有財政資本的機關報『俄羅斯的早晨』出版，其壽命直延到十月革命之後。才告終止。此外尚有自由主義智識份子之機關報『俄羅斯情報』，（一八九三年——一九一八年）『十月派』出版的『莫斯科之聲』，（一九〇五——一九一八年）是擁護商業資產階級的利益的。

俄國一九〇五年革命前不久，國內許多大中心城市均有日報發行，如沙拉託夫斯基有『沙拉託夫斯基日報』，奧第斯有『奧第斯日報』，及『奧第斯新聞報』，哈利考夫有『南疆日報』，譏輔有『譏輔思想報』等。及至一九〇五年革命後的新聞紙，比革命前增加兩倍，其中布爾札維克的刊物，有不小的作用。

一九〇七年後，反動時期降臨：這個時期俄國的新聞紙又減少了兩倍多，而資產階級的報紙隨着他自己資本主義經濟地位之鞏固，每大省市的新聞紙開始變爲資本主義的大企業。當時最大的新聞紙企業，是『俄羅斯言論報』，銷數有一百二十萬份，而『交易所情報』在這個時候也應着潮流而露頭角了。另一方面俄國一羣亡命國外的革命者，在倫敦出版『通俗的星』，『鐘報』等，在日內瓦出版『人民之事』，以後成爲第一國際機關支部正式的機關報，其中尤以祕密出版的大機關報『前進』最爲著名。

在列甯直接參加和領導的『火花』報，及『曙光』報，在俄國革命新聞紙中是首屈一指的。他和歪曲馬克思主義的任何思潮作無情的鬪爭，其綱領成爲以後布爾札維克刊物的內容中心。

十月革命不僅結束了俄國資產階級的刊物，而且創立了蘇聯工農大衆新聞紙的新形式，把新聞紙當做羣衆的組織者，把新聞紙當做羣衆與黨政機關發生聯繫的傳遞，新聞紙成爲蘇聯教育羣衆的主要武器，成爲蘇聯工業化集體化之主要槓杆。其中最有權威者是『眞理報』，——聯邦共產黨的機關報，和『新聞報』，——蘇聯政府的機關報，他們不是爲工農羣衆的新聞紙，而是工農羣衆自己的新聞紙。

十月革命後蘇聯新聞紙發展的情形，比較如下表：

年份	新聞紙種類	銷售份數
一九一三年	四六七	二·七二八
一九二二年	三八二	一·二八八

一九二三年	五四五	二・七三〇
一九二四年	五一七	三・七七〇
一九二五年	五八九	七・五七七
一九二六年	六二三	八・二九五
一九二七年	五六九	七・五八〇
一九二八年	五五九	八・二五〇
一九二九年	六一一	一〇・七〇〇

以上銷售份數，以千爲單位。

根據一九三〇年的統計，蘇聯的新聞紙分類如下：

關於社會政治的領導報紙，有一五八種，共三・四四二，〇〇〇份。工人的報紙六六種，共一・六三六・〇〇〇份。農民的報紙二二五種，共三・三八八・〇〇〇份。職工會的報紙二二種，共一一·五一三·〇〇〇份。合作社的報紙一九種，共五〇三·〇〇〇份。少共的報紙五九種，共七六一·〇〇〇份。童子團的報紙一八種，共四八九·〇〇〇份。其它三八種，共七八九·〇〇〇份。

蘇聯規模最大設備最周的通訊社，允推『塔斯』社，及『洛斯達』社。『塔斯』兩字係俄語蘇聯電訊社簡語之譯音。『洛斯達』三字，俄語俄羅斯聯合通訊社簡語之譯音。『塔斯』社之通訊細胞，遍布於世界各國中心城市，專門刺探世界各國之政治經濟軍事等之消息，供給蘇聯黨政的機關報。蘇聯政府對外的一切負責聲明和言論，均由『塔斯』社傳達。至於『洛斯達社』，它不僅刺探國外的消息，而且從蘇聯境內各地取得新聞，供給蘇聯政府，及其他新聞紙。二種電訊社中，尤以『

塔斯」社爲人所週知。（詳情見前）

最後我們一述蘇聯新聞紙的特點，我們知道蘇聯時代，俄國一般人民文化程度並不甚高，自蘇聯政府成立以來，厲行識字運動，全國文盲掃除殆盡，因之新聞紙之銷路亦隨民智而俱增，尤以蘇聯農村之集團化，使大多數農民均有閱讀之能力。由上舉的農民報紙種類之多，銷路之廣，已可概見。所以新聞紙之眞正大衆化，是蘇聯新聞紙的特色之一。

蘇聯的新聞紙是工農大衆自己的，新聞紙是蘇聯大衆與蘇聯黨政機關發生密切聯繫的傳遞帶，其中得力於工農通訊社者尤多，蘇聯的工農通訊社布滿全國各地之工廠、作坊、集體農場、國營農場、合作社、學校、政府、機關黨的組織之中，根據一九三〇年的統計，工農通訊社的細胞，在蘇聯境內已有四十萬個，這是蘇聯新聞紙的特色之二。

蘇聯的新聞紙種類之多，為世所罕見，對某一種讀者，蘇聯總有某一種適應其需要的報紙。其中當認工廠報紙，及壁報尤為別開生面者。此種工廠報紙及壁報，在全國各地各機關均有之，這是蘇聯新聞紙的特色之三。

蘇聯民族至為複雜，因之各民族之方言亦見差異，欲求新聞紙之普遍化，必須用各民族之文字出版，報章以適合需要，所以現時蘇聯約有三十餘種不同方言的報紙，這是蘇聯新聞紙特色之四。至於蘇聯新聞紙之簡易，專門化，宣傳化，教育化，以及新聞紙中之不登營利廣告，及新聞紙之國有化，皆為蘇聯新聞紙之特色。茲因編幅關係，恕不贅述。

图书在版编目（CIP）数据

新闻学讲话 / 刘元钊编著. —北京：中国传媒大学出版社，2018.3
（中国近代新闻学名著系列丛书 / 芮必峰主编）
ISBN 978-7-5657-2285-1

Ⅰ. ①新… Ⅱ. ①刘… Ⅲ. ①新闻学 Ⅳ. ① G210

中国版本图书馆 CIP 数据核字（2018）第 053537 号

中国近代新闻学名著系列丛书
芮必峰　主编
新闻学讲话
XINWENXUE JIANGHUA

编 著 者　刘元钊
策划编辑　司马兰　姜颖昳
责任编辑　姜颖昳
封面设计　拓美设计
责任印制　阳金洲

出版发行　中国传媒大学出版社
社　　址　北京市朝阳区定福庄东街 1 号　　邮编：100024
电　　话　86-10-65450532 或 65450528　　传真：010-65779405
网　　址　http://www.cucp.com.cn
经　　销　全国新华书店

印　　刷　北京华联印刷有限公司
开　　本　787mm × 1092mm　1/16
印　　张　12.25
字　　数　90 千字
版　　次　2018 年 6 月第 1 版　2018 年 6 月第 1 次印刷

书　　号　ISBN 978-7-5657-2285-1/G · 2285　　定　价　68.00 元